동영상강의 www.pmg.co.kr

박문각

기출로 합격까지

정석진 기출문제

부동산세법 2차

박문각 공인중개사

브랜드만족
1위
박문각

2025

근거자료
별면표기

이 책의 차례

CHAPTER
01

소득세 총설

CHAPTER
02

양도소득세

CHAPTER
03

취득세

CHAPTER
04

등록면허세

이 책의 차례

CHAPTER 05

재산세

CHAPTER 06

종합부동산세

CHAPTER
07

조세총론

정답 및
해설

박문각 공인중개사

소득세 총설

01 「소득세법」상 거주자가 국내소재 부동산 등을 임대하여 발생하는 소득에 관한 설명으로 틀린 것은?
2017년, 제28회 기출 수정

① 공익사업과 관련된 지상권의 대여로 인한 소득은 부동산임대업에서 발생한 소득에서 제외한다.

② 부동산임대업에서 발생한 소득은 사업소득에 해당한다.

③ 주거용 건물 임대업에서 발생한 결손금은 종합소득 과세표준을 계산할 때 공제한다.

④ 부부가 각각 주택을 1채씩 보유한 상태에서 그중 1주택을 임대하고 연간 2,800만원의 임대료를 받았을 경우 주택임대에 따른 과세소득은 있다.

⑤ 임대보증금의 간주임대료를 계산하는 과정에서 금융수익을 차감할 때 그 금융수익은 수입이자와 할인료, 수입배당금, 유가증권처분이익으로 한다.

02 「소득세법」상 거주자의 부동산과 관련된 사업소득에 관한 설명으로 옳은 것은?
2020년, 제31회 기출

① 국외에 소재하는 주택의 임대소득은 주택 수에 관계없이 과세하지 아니한다.

② 공익사업을 위한 토지 등의 취득 및 보상에 관한 법률에 따른 공익사업과 관련하여 지역권을 대여함으로써 발생하는 소득은 부동산업에서 발생하는 소득으로 한다.

③ 부동산임대업에서 발생하는 사업소득의 납세지는 부동산 소재지로 한다.

④ 국내에 소재하는 논·밭을 작물 생산에 이용하게 함으로써 발생하는 사업소득은 소득세를 과세하지 아니한다.

⑤ 주거용 건물 임대업에서 발생한 결손금은 종합소득 과세표준을 계산할 때 공제하지 아니한다.

Answer 1. ⑤ 2. ④

03 「소득세법」상 부동산임대업에서 발생한 소득에 관한 설명으로 틀린 것은? 2022년, 제33회 기출

① 해당 과세기간의 주거용 건물 임대업을 제외한 부동산임대업에서 발생한 결손금은 그 과세기간의 종합소득과세표준을 계산할 때 공제하지 않는다.

② 사업소득에 부동산임대업에서 발생한 소득이 포함되어 있는 사업자는 그 소득별로 구분 하여 회계처리하여야 한다.

③ 3주택(주택 수에 포함되지 않는 주택 제외) 이상을 소유한 거주자가 주택과 주택부수토 지를 임대(주택부수토지만 임대하는 경우 제외)한 경우에는 법령으로 정하는 바에 따라 계산한 금액(간주임대료)을 총수입금액에 산입한다.

④ 간주임대료 계산시 3주택 이상 여부 판정에 있어 주택 수에 포함되지 않는 주택이란 주 거의 용도로만 쓰이는 면적이 1호 또는 1세대당 $40m^2$ 이하인 주택으로서 해당 과세기간 의 기준시가가 2억원 이하인 주택을 말한다.

⑤ 해당 과세기간에 분리과세 주택임대소득이 있는 거주자(종합소득과세표준이 없거나 결 손금이 있는 거주자 포함)는 그 종합소득 과세표준을 그 과세기간의 다음 연도 5월 1일 부터 5월 31일까지 신고하여야 한다.

04 다음은 거주자 甲이 소유하고 있는 상가건물 임대에 관한 자료이다. 부동산임대업의 사업소득 을 장부에 기장하여 신고하는 경우 2025년도 부동산임대업의 총수입금액은? (단, 법령에 따 른 적격증명서류를 수취·보관하고 있으며, 주어진 조건 이외에는 고려하지 않음)

2022년, 제33회 기출

> • 임대기간 : 2024.1.1. ~ 2025.12.31.
> • 임대계약 내용 : 월임대료 1,000,000원
> 　　　　　　　　　　임대보증금 500,000,000원
> • 임대부동산(취득일자 : 2023.1.23.)
> 　－ 건물 취득가액 : 200,000,000원
> 　－ 토지 취득가액 : 300,000,000원
> • 기획재정부령으로 정하는 이자율 : 연 6%
> • 임대보증금 운용수익 : 수입이자 1,000,000원
> 　　　　　　　　　　　 유가증권처분이익 2,000,000원

① 18,000,000원 　　　　　　　　② 29,000,000원

③ 30,000,000원 　　　　　　　　④ 39,000,000원

⑤ 40,000,000원

Answer 　3. ③　 4. ②

05 **주택임대사업자인 거주자 甲의 국내주택 임대현황**(A, B, C 각 주택의 임대기간 : 2025.1.1.~ 2025.12.31.)**을 참고하여 계산한 주택임대에 따른 2025년 귀속 사업소득의 총수입금액은?** (단, 법령에 따른 적격증명서류를 수취·보관하고 있고, 기획재정부령으로 정하는 이자율은 연 4%로 가정하며 주어진 조건 이외에는 고려하지 않음) 2023년, 제34회 기출

구분 (주거전용면적)	보증금	월세[1]	기준시가
A주택(85m^2)	3억원	5십만원	5억원
B주택(40m^2)	1억원	—	2억원
C주택(109m^2)	5억원	1백만원	7억원

1) 월세는 매월 수령하기로 약정한 금액임

① 0원 ② 16,800,000원
③ 18,000,000원 ④ 32,400,000원
⑤ 54,000,000원

06 **소득세법령상 거주자의 부동산과 관련된 사업소득에 관한 설명으로 옳은 것은?**

2024년, 제35회 기출

① 해당 과세기간의 종합소득금액이 있는 거주자(종합소득과세표준이 없거나 결손금이 있는 거주자를 포함한다)는 그 종합소득 과세표준을 그 과세기간의 다음 연도 5월 1일부터 5월 31일까지 대통령령으로 정하는 바에 따라 납세지 관할 세무서장에게 신고하여야 하며, 해당 과세기간에 분리과세 주택임대소득이 있는 경우에도 이를 적용한다.

② 공장재단을 대여하는 사업은 부동산임대업에 해당되지 않는다.

③ 해당 과세기간의 주거용 건물 임대업을 제외한 부동산임대업에서 발생한 결손금은 그 과세기간의 종합소득과세표준을 계산할 때 공제한다.

④ 「공익사업을 위한 토지 등의 취득 및 보상에 관한 법률」 제4조에 따른 공익사업과 관련하여 지역권을 설정함으로써 발생하는 소득은 부동산업에서 발생하는 소득에 해당한다.

⑤ 사업소득에 부동산임대업에서 발생한 소득이 포함되어 있는 사업자는 그 소득별로 구분하지 않고 회계처리하여야 한다.

Answer 6. ①

CHAPTER

02

양도소득세

양도의 정의

01 「소득세법」상 양도에 해당하는 것으로 옳은 것은? 2015년, 제26회 기출

① 법원의 확정판결에 의하여 신탁해지를 원인으로 소유권 이전등기를 하는 경우
② 법원의 확정판결에 의한 이혼위자료로 배우자에게 토지의 소유권을 이전하는 경우
③ 공동소유의 토지를 공유자지분 변경없이 2개 이상의 공유토지로 분할하였다가 공동지분의 변경없이 그 공유토지를 소유지분별로 단순히 재분할하는 경우
④ 본인 소유자산을 경매ㆍ공매로 인하여 자기가 재취득하는 경우
⑤ 매매원인 무효의 소에 의하여 그 매매사실이 원인무효로 판시되어 환원될 경우

02 「소득세법」상 양도에 해당하는 것은? (단, 거주자의 국내 자산으로 가정함)

2017년, 제28회 기출

① 「도시개발법」이나 그 밖의 법률에 따른 환지처분으로 지목이 변경되는 경우
② 부담부증여시 그 증여가액 중 채무액에 해당하는 부분을 제외한 부분
③ 「소득세법 시행령」 제151조 제1항에 따른 양도담보계약을 체결한 후 채무불이행으로 인하여 당해 자산을 변제에 충당한 때
④ 매매원인 무효의 소에 의하여 그 매매사실이 원인무효로 판시되어 소유권이 환원되는 경우
⑤ 본인 소유 자산을 경매로 인하여 본인이 재취득한 경우

Answer   1. ②   2. ③

03 거주자 甲은 국내에 있는 양도소득세 과세대상 X토지를 2016년 시가 1억원에 매수하여 2025년 배우자 乙에게 증여하였다. X토지에는 甲의 금융기관 차입금 5천만원에 대한 저당권이 설정되어 있었으며 乙이 이를 인수한 사실은 채무부담계약서에 의하여 확인되었다. X토지의 증여가액과 증여시 「상속세 및 증여세법」에 따라 평가한 가액(시가)은 각각 2억원이었다. 다음 중 틀린 것은?

2019년, 제30회 기출

① 배우자 간 부담부증여로서 수증자에게 인수되지 아니한 것으로 추정되는 채무액은 부담부증여의 채무액에 해당하는 부분에서 제외한다.

② 乙이 인수한 채무 5천만원에 해당하는 부분은 양도로 본다.

③ 양도로 보는 부분의 취득가액은 2천5백만원이다.

④ 양도로 보는 부분의 양도가액은 5천만원이다.

⑤ 甲이 X토지와 증여가액(시가) 2억원인 양도소득세 과세대상에 해당하지 않는 Y자산을 함께 乙에게 부담부증여 하였다면 乙이 인수한 채무 5천만원에 해당하는 부분은 모두 X토지에 대한 양도로 본다.

Answer 3. ⑤

최근 10개년 기출문제 | 양도세 과세대상

01 「소득세법」상 거주자의 양도소득세 과세대상이 아닌 것은? (단, 국내 자산을 가정함)

2015년, 제26회 기출

① 지상권의 양도
② 전세권의 양도
③ 골프회원권의 양도
④ 등기되지 않은 부동산임차권의 양도
⑤ 사업용 건물과 함께 양도하는 영업권

02 「소득세법」상 거주자의 양도소득세 과세대상에 관한 설명으로 틀린 것은? (단, 양도자산은 국내자산임)

2017년, 제28회 기출

① 무상이전에 따라 자산의 소유권이 변경된 경우에는 과세대상이 되지 아니한다.
② 부동산에 관한 권리 중 지상권의 양도는 과세대상이다.
③ 사업용 건물과 함께 양도하는 영업권은 과세대상이다.
④ 법인의 주식을 소유하는 것만으로 시설물을 배타적으로 이용하게 되는 경우 그 주식의 양도는 과세대상이다.
⑤ 등기되지 않은 부동산임차권의 양도는 과세대상이다.

Answer 1. ④ 2. ⑤

03 소득세법령상 거주자의 양도소득세 과세대상은 모두 몇 개인가? (단, 국내소재 자산을 양도한 경우임)

- 전세권
- 등기되지 않은 부동산임차권
- 사업에 사용하는 토지 및 건물과 함께 양도하는 영업권
- 토지 및 건물과 함께 양도하는 「개발제한구역의 지정 및 관리에 관한 특별조치법」에 따른 이축권(해당 이축권의 가액을 대통령령으로 정하는 방법에 따라 별도로 평가하여 신고함)

① 0개   ② 1개   ③ 2개
④ 3개   ⑤ 4개

04 소득세법령상 다음의 국내자산 중 양도소득세 과세대상에 해당하는 것을 모두 고른 것은? (단, 비과세와 감면은 고려하지 않음)

- ㉠ 토지 및 건물과 함께 양도하는 「개발제한구역의 지정 및 관리에 관한 특별조치법」에 따른 이축권(해당 이축권 가액을 대통령령으로 정하는 방법에 따라 별도로 평가하여 신고하지 않음)
- ㉡ 조합원입주권
- ㉢ 지역권
- ㉣ 부동산매매계약을 체결한 자가 계약금만 지급한 상태에서 양도하는 권리

① ㉠, ㉢   ② ㉡, ㉣
③ ㉠, ㉡, ㉣   ④ ㉡, ㉢, ㉣
⑤ ㉠, ㉡, ㉢, ㉣

Answer   3. ③   4. ③

01 「소득세법 시행령」 제162조에서 규정하는 양도 또는 취득의 시기에 관한 내용으로 틀린 것은?

2018년, 제29회 기출

① 제1항 제4호 : 자기가 건설한 건축물에 있어서 건축허가를 받지 아니하고 건축하는 건축물은 추후 사용승인 또는 임시사용승인을 받는 날

② 제1항 제3호 : 기획재정부령이 정하는 장기할부조건의 경우에는 소유권이전등기(등록 및 명의개서를 포함)접수일·인도일 또는 사용수익일 중 빠른 날

③ 제1항 제2호 : 대금을 청산하기 전에 소유권이전등기(등록 및 명의개서를 포함)를 한 경우에는 등기부·등록부 또는 명부 등에 기재된 등기접수일

④ 제1항 제5호 : 상속에 의하여 취득한 자산에 대하여는 그 상속이 개시된 날

⑤ 제1항 제9호 : 「도시개발법」에 따른 환지처분으로 교부받은 토지의 면적이 환지처분에 의한 권리면적보다 증가한 경우 그 증가된 면적의 토지에 대한 취득시기는 환지처분의 공고가 있은 날의 다음 날

02 「소득세법」상 양도소득세 과세대상 자산의 양도 또는 취득의 시기로 틀린 것은?

2021년, 제32회 기출

① 「도시개발법」에 따라 교부받은 토지의 면적이 환지처분에 의한 권리면적보다 증가 또는 감소된 경우 : 환지처분의 공고가 있은 날

② 기획재정부령이 정하는 장기할부조건의 경우 : 소유권이전등기(등록 및 명의개서를 포함) 접수일·인도일 또는 사용수익일 중 빠른 날

③ 건축허가를 받지 않고 자기가 건설한 건축물의 경우 : 그 사실상의 사용일

④ 「민법」 제245조 제1항의 규정에 의하여 부동산의 소유권을 취득하는 경우 : 당해 부동산의 점유를 개시한 날

⑤ 대금을 청산한 날이 분명하지 아니한 경우 : 등기부·등록부 또는 명부 등에 기재된 등기·등록접수일 또는 명의개서일

Answer   1. ①   2. ①

03 소득세법령상 양도소득세의 양도 또는 취득시기에 관한 내용으로 틀린 것은?

2023년, 제34회 기출

① 대금을 청산한 날이 분명하지 아니한 경우에는 등기부·등록부 또는 명부 등에 기재된 등기·등록접수일 또는 명의개서일

② 상속에 의하여 취득한 자산에 대하여는 그 상속이 개시된 날

③ 대금을 청산하기 전에 소유권이전등기를 한 경우에는 등기부에 기재된 등기접수일

④ 자기가 건설한 건축물로서 건축허가를 받지 아니하고 건축하는 건축물에 있어서는 그 사실상의 사용일

⑤ 완성되지 아니한 자산을 양도한 경우로서 해당 자산의 대금을 청산한 날까지 그 목적물이 완성되지 아니한 경우에는 해당 자산의 대금을 청산한 날

Answer　3. ⑤

01 「소득세법」상 사업소득이 있는 거주자가 실지거래가액에 의해 부동산의 양도차익을 계산하는 경우 양도가액에서 공제할 자본적지출액 또는 양도비에 포함되지 않는 것은? (단, 자본적지출액에 대해서는 법령에 따른 증명서류가 수취·보관되어 있음) 2016년, 제27회 기출

① 자산을 양도하기 위하여 직접 지출한 양도소득세과세표준 신고서 작성비용
② 납부의무자와 양도자가 동일한 경우 「재건축초과이익환수에 관한 법률」에 따른 재건축부담금
③ 양도자산의 이용편의를 위하여 지출한 비용
④ 양도자산의 취득 후 쟁송이 있는 경우 그 소유권을 확보하기 위하여 직접 소요된 소송비용으로서 그 지출한 연도의 각 사업소득금액 계산시 필요경비에 산입된 금액
⑤ 자산을 양도하기 위하여 직접 지출한 공증비용

02 「소득세법」상 거주자가 국내자산을 양도한 경우 양도소득의 필요경비에 관한 설명으로 옳은 것은? 2017년, 제28회 기출

① 취득가액을 실지거래가액에 의하는 경우 당초 약정에 의한 지급기일의 지연으로 인하여 추가로 발생하는 이자상당액은 취득원가에 포함하지 아니한다.
② 취득가액을 실지거래가액에 의하는 경우 자본적지출액도 실지로 지출된 가액에 의하므로 「소득세법」 제160조의2 제2항에 따른 증명서류를 수취·보관한 경우에만 필요경비로 인정한다.
③ 「소득세법」 제97조 제3항에 따른 취득가액을 계산할 때 감가상각비를 공제하는 것은 취득가액을 실지거래가액으로 하는 경우에만 적용하므로 취득가액을 환산가액으로 하는 때에는 적용하지 아니한다.
④ 토지를 취득함에 있어서 부수적으로 매입한 채권을 만기 전에 양도함으로써 발생하는 매각차손은 채권의 매매상대방과 관계없이 전액 양도비용으로 인정된다.
⑤ 취득세는 납부영수증이 없으면 필요경비로 인정되지 아니한다.

Answer 1. ④ 2. ①

최근 10개년 기출문제 | **추계결정에 의하는 경우의 양도·취득가액과 기타의 필요경비**

01 다음은 거주자가 국내소재 1세대 1주택을 양도한 내용이다. 양도차익은 얼마인가?

2017년, 제28회 기출 수정

(1) 취득 및 양도 내역(등기됨)

구 분	가 액		거래일자
	실지거래가액	기준시가	
양 도	15억원	5억원	2025. 3. 2.
취 득	확인 불가능	3억 5천만원	2017. 2. 4.

(2) 자본적 지출 및 양도비용은 1천 7백만원이다.
(3) 주어진 자료 외는 고려하지 않는다.

① 27,900,000원
② 86,600,000원
③ 87,900,000원
④ 433,000,000원
⑤ 439,500,000원

02 다음은 거주자 甲의 상가건물 양도소득세 관련 자료이다. 이 경우 양도차익은? (단, 양도차익을 최소화하는 방향으로 필요경비를 선택하고, 부가가치세는 고려하지 않음)

2021년, 제32회 기출

(1) 취득 및 양도 내역

구 분	실지거래가액	기준시가	거래일자
양도당시	5억원	4억원	2025. 4. 30.
취득당시	확인 불가능	2억원	2024. 3. 7.

(2) 자본적지출액 및 소개비 : 2억 6천만원(세금계산서 수취함)
(3) 주어진 자료 외에는 고려하지 않는다.

① 2억원
② 2억 4천만원
③ 2억 4천4백만원
④ 2억 5천만원
⑤ 2억 6천만원

Answer 1. ③ 2. ②

최근 10개년 기출문제 **실지거래가액·추계결정의 양도차익**

01 2017년 취득 후 등기한 토지를 2025년 6월 15일에 양도한 경우, 「소득세법」상 토지의 양도차익계산에 관한 설명으로 틀린 것은? (단, 특수관계자와의 거래가 아님) 2015년, 제26회 기출

① 취득당시 실지거래가액을 확인할 수 없는 경우에는 매매사례가액, 환산가액, 감정가액, 기준시가를 순차로 적용하여 산정한 가액을 취득가액으로 한다.

② 양도와 취득시의 실지거래가액을 확인할 수 있는 경우에는 양도가액과 취득가액을 실지거래가액으로 산정한다.

③ 취득가액을 실지거래가액으로 계산하는 경우 자본적 지출액은 필요경비에 포함된다.

④ 취득가액을 매매사례가액으로 계산하는 경우 취득당시 개별공시지가에 3/100을 곱한 금액이 필요경비에 포함된다.

⑤ 양도가액을 기준시가에 따를 때에는 취득가액도 기준시가에 따른다.

02 「소득세법」상 국내에 있는 자산의 기준시가 산정에 관한 설명으로 틀린 것은?

2019년, 제30회 기출

① 개발사업 등으로 지가가 급등하거나 급등우려가 있는 지역으로서 국세청장이 지정한 지역에 있는 토지의 기준시가는 배율방법에 따라 평가한 가액으로 한다.

② 상업용 건물에 대한 새로운 기준시가가 고시되기 전에 취득 또는 양도하는 경우에는 직전의 기준시가에 의한다.

③ 「민사집행법」에 의한 저당권실행을 위하여 토지가 경매되는 경우의 그 경락가액이 개별공시지가보다 낮은 경우에는 그 차액을 개별공시지가에서 차감하여 양도 당시 기준시가를 계산한다(단, 지가 급등 지역 아님).

④ 부동산을 취득할 수 있는 권리에 대한 기준시가는 양도자산의 종류를 고려하여 취득일 또는 양도일까지 납입한 금액으로 한다.

⑤ 국세청장이 지정하는 지역에 있는 오피스텔의 기준시가는 건물의 종류, 규모, 거래상황, 위치 등을 고려하여 매년 1회 이상 국세청장이 토지와 건물에 대하여 일괄하여 산정·고시하는 가액으로 한다.

Answer 1. ① 2. ④

최근 10개년 기출문제 | **장기보유특별공제 · 양도소득기본공제**

01 「소득세법」상 건물의 양도에 따른 장기보유특별공제에 관한 설명으로 틀린 것은?

2015년, 제26회 기출

① 100분의 70을 세율이 적용되는 미등기 건물에 대해서는 장기보유특별공제를 적용하지 아니한다.
② 보유기간이 3년 이상인 등기된 상가건물은 장기보유특별공제가 적용된다.
③ 1세대 1주택 요건을 충족한 고가주택(보유기간 2년 6개월)이 과세되는 경우 장기보유특별공제가 적용된다.
④ 장기보유특별공제액은 건물의 양도차익에 보유기간별 공제율을 곱하여 계산한다.
⑤ 보유기간이 17년인 등기된 상가건물의 보유기간별 공제율은 100분의 30이다.

02 거주자 甲의 매매(양도일 : 2025. 5. 1.)에 의한 등기된 토지 취득 및 양도에 관한 다음의 자료를 이용하여 양도소득세 과세표준을 계산하면? (단, 법령에 따른 적격증명서류를 수취·보관하고 있으며, 주어진 조건 이외에는 고려하지 않음)

2022년, 제33회 기출

항 목	기준시가	실지거래가액
양도가액	40,000,000원	67,000,000원
취득가액	35,000,000원	42,000,000원
추가사항	• 양도비용 : 4,000,000원 • 보유기간 : 2년	

① 18,500,000원
② 19,320,000원
③ 19,740,000원
④ 21,000,000원
⑤ 22,500,000원

03 소득세법령상 1세대 1주택자인 거주자 甲이 2025년 양도한 국내소재 A주택(조정대상지역이 아니며 등기됨)에 대한 양도소득과세표준은? (단, 2025년에 A주택 외 양도한 자산은 없으며, 법령에 따른 적격증명서류를 수취·보관하고 있고 주어진 조건 이외에는 고려하지 않음)

2023년, 제34회 기출

구 분	기준시가	실지거래가액
양도시	18억원	25억원
취득시	13억5천만원	19억5천만원
추가사항	• 양도비 및 자본적지출액 : 5천만원 • 보유기간 및 거주기간 : 각각 5년 • 장기보유특별공제율 : 보유기간별 공제율과 거주기간별 공제율은 각각 20%	

① 153,500,000원 ② 156,000,000원
③ 195,500,000원 ④ 260,000,000원
⑤ 500,000,000원

01 「소득세법」상 등기된 국내 부동산에 대한 양도소득 과세표준의 세율에 관한 내용으로 옳은 것은?

2016년, 제27회 기출

① 1년 6개월 보유한 1주택 : 100분의 40

② 2년 1개월 보유한 상가건물 : 100분의 40

③ 10개월 보유한 상가건물 : 100분의 50

④ 6개월 보유한 1주택 : 100분의 30

⑤ 1년 8개월 보유한 상가건물 : 100분의 50

02 「소득세법」상 거주자가 국내에 있는 자산을 양도한 경우 양도소득 과세표준에 적용되는 세율로 틀린 것은? (단, 주어진 자산 외에는 고려하지 않음)

2019년, 제30회 기출

① 보유기간이 1년 이상 2년 미만인 등기된 상업용 건물 : 100분의 40

② 보유기간이 1년 미만인 조합원입주권 : 100분의 70

③ 거주자가 조정대상지역의 공고가 있은 날 이전에 주택의 입주자로 선정된 지위를 양도하기 위한 매매계약을 체결하고 계약금을 지급받은 사실이 증빙서류에 의하여 확인되는 경우 그 조정대상지역 내 주택의 입주자로 선정된 지위 : 100분의 50

④ 양도소득 과세표준이 1,400만원 이하인 보유기간 2년 이상인 등기된 비사업용 토지(지정지역에 있지 않음) : 100분의 16

⑤ 미등기건물(미등기양도제외 자산 아님) : 100분의 70

03 소득세법령상 거주자의 양도소득과세표준에 적용되는 세율에 관한 내용으로 옳은 것은? (단, 국내소재 자산을 2025년에 양도한 경우로서 주어진 자산 외에 다른 자산은 없으며, 비과세와 감면은 고려하지 않음)

2023년, 제34회 기출

① 보유기간이 6개월인 등기된 상가건물 : 100분의 40

② 보유기간이 10개월인 「소득세법」에 따른 분양권 : 100분의 70

③ 보유기간이 1년 6개월인 등기된 상가건물 : 100분의 30

④ 보유기간이 1년 10개월인 「소득세법」에 따른 조합원입주권 : 100분의 70

⑤ 보유기간이 2년 6개월인 「소득세법」에 따른 분양권 : 100분의 50

Answer 1. ③ 2. ③ 3. ②

01 「소득세법」상 미등기양도자산에 관한 설명으로 옳은 것은?   2018년, 제29회 기출

① 미등기양도자산도 양도소득에 대한 소득세의 비과세에 관한 규정을 적용할 수 있다.

② 건설사업자가 「도시개발법」에 따라 공사용역 대가로 취득한 체비지를 토지구획환지처 분공고 전에 양도하는 토지는 미등기양도자산에 해당하지 않는다.

③ 미등기양도자산의 양도소득금액 계산시 양도소득기본공제를 적용할 수 있다.

④ 미등기양도자산은 양도소득세 산출세액에 100분의 70을 곱한 금액을 양도소득 결정세액 에 더한다.

⑤ 미등기양도자산의 양도소득금액 계산시 장기보유특별공제를 적용할 수 있다.

02 「소득세법」상 미등기양도자산(미등기양도제외자산 아님)인 상가건물의 양도에 관한 내용으로 옳은 것을 모두 고른 것은?   2021년, 제32회 기출

> ㉠ 양도소득세율은 양도소득 과세표준의 100분의 70
> ㉡ 장기보유특별공제 적용 배제
> ㉢ 필요경비개산공제 적용 배제
> ㉣ 양도소득기본공제 적용 배제

① ㉠, ㉡, ㉢   ② ㉠, ㉡, ㉣   ③ ㉠, ㉢, ㉣
④ ㉡, ㉢, ㉣   ⑤ ㉠, ㉡, ㉢, ㉣

03 「소득세법」상 미등기양도제외자산을 모두 고른 것은?   2021년, 제32회 기출

> ㉠ 양도소득세 비과세요건을 충족한 1세대 1주택으로서 「건축법」에 따른 건축허가를 받지 아니하여 등기가 불가능한 자산
> ㉡ 법원의 결정에 의하여 양도 당시 그 자산의 취득에 관한 등기가 불가능한 자산
> ㉢ 「도시개발법」에 따른 도시개발사업이 종료되지 아니하여 토지 취득등기를 하지 아니하 고 양도하는 토지

① ㉠   ② ㉡   ③ ㉠, ㉡
④ ㉡, ㉢   ⑤ ㉠, ㉡, ㉢

Answer   1. ②   2. ②   3. ⑤

최근 10개년 기출문제 | **양도소득세의 신고와 납부**

01 「소득세법」상 사업자가 아닌 거주자 甲이 2025년 5월 15일에 토지(토지거래계약에 관한 허가구역 외에 존재)를 양도하였고, 납부할 양도소득세액은 1천5백만원이다. 이 토지의 양도소득세 신고납부에 관한 설명으로 틀린 것은? (단, 과세기간 중 당해 거래 이외에 다른 양도거래는 없고, 답지항은 서로 독립적이며 주어진 조건 외에는 고려하지 않음) 2015년, 제26회 기출

① 2025년 7월 31일까지 양도소득 과세표준을 납세지 관할 세무서장에게 예정신고하여야 한다.

② 예정신고를 하지 않은 경우 확정신고를 하면, 예정신고에 대한 가산세는 부과되지 아니한다.

③ 예정신고하는 경우 양도소득세의 분할납부가 가능하다.

④ 예정신고를 한 경우에는 확정신고를 하지 아니할 수 있다.

⑤ 법률에 따라 확정신고시 분납하고자 하는 자는 별지 서식의 양도소득 과세표준 확정신고 및 납부계산서에 분납할 세액을 기재하여 확정신고기한까지 신청하여야 한다.

02 「소득세법」상 거주자의 양도소득 과세표준의 신고 및 납부에 관한 설명으로 옳은 것은? 2016년, 제27회 기출

① 2025년 3월 21일에 주택을 양도하고 잔금을 청산한 경우 2025년 6월 30일에 예정신고할 수 있다.

② 확정신고·납부시 납부할 세액이 1천 6백만원인 경우 6백만원을 분납할 수 있다.

③ 예정신고·납부시 납부할 세액이 2천만원인 경우 분납할 수 없다.

④ 양도차손이 발생한 경우 예정신고하지 아니한다.

⑤ 예정신고하지 않은 거주자가 해당 과세기간의 과세표준이 없는 경우 확정신고하지 아니한다.

Answer 1. ② 2. ②

03 「지방세법」상 거주자의 국내자산 양도소득에 대한 지방소득세에 관한 설명으로 틀린 것은?

2016년, 제27회 기출 수정

① 양도소득에 대한 개인지방소득세 과세표준은 종합소득 및 퇴직소득에 대한 개인지방소득세 과세표준과 구분하여 계산한다.

② 양도소득에 대한 개인지방소득세의 세액이 2천원인 경우에는 이를 징수하지 아니한다.

③ 양도소득에 대한 개인지방소득세의 공제세액이 산출세액을 초과하는 경우 그 초과금액은 없는 것으로 한다.

④ 양도소득에 대한 개인지방소득세 과세표준은 「소득세법」상 양도소득 과세표준으로 하는 것이 원칙이다.

⑤ 「소득세법」상 보유기간이 8개월인 조합원입주권의 세율은 양도소득에 대한 개인지방소득세 과세표준의 1천분의 70을 적용한다.

04 「소득세법」상 거주자의 양도소득세 신고 및 납부에 관한 설명으로 옳은 것은?

2018년, 제29회 기출

① 토지 또는 건물을 양도한 경우에는 그 양도일이 속하는 분기의 말일부터 2개월 이내에 양도소득 과세표준을 신고해야 한다.

② 양도차익이 없거나 양도차손이 발생한 경우에는 양도소득 과세표준 예정신고 의무가 없다.

③ 건물을 신축하고 그 신축한 건물의 취득일부터 5년 이내에 해당 건물을 양도하는 경우로서 취득 당시의 실지거래가액을 확인할 수 없어 환산가액을 그 취득가액으로 하는 경우에는 양도소득세 산출세액의 100분의 5에 해당하는 금액을 양도소득 결정세액에 더한다.

④ 양도소득 과세표준 예정신고시에는 납부할 세액이 1천만원을 초과하더라도 그 납부할 세액의 일부를 분할납부할 수 없다.

⑤ 당해 연도에 누진세율의 적용대상 자산에 대한 예정신고를 2회 이상 한 자가 법령에 따라 이미 신고한 양도소득금액과 합산하여 신고하지 아니한 경우 양도소득세 확정신고를 해야 한다.

05 「소득세법」상 거주자의 국내 토지에 대한 양도소득 과세표준 및 세액의 신고·납부에 관한 설명으로 틀린 것은? 2020년, 제31회 기출

① 법령에 따른 부담부증여의 채무액에 해당하는 부분으로서 양도로 보는 경우 그 양도일이 속하는 달의 말일부터 3개월 이내에 양도소득 과세표준을 납세지 관할 세무서장에게 신고하여야 한다.

② 예정신고납부를 하는 경우 예정신고 산출세액에서 감면세액을 빼고 수시부과세액이 있을 때에는 이를 공제하지 아니한 세액을 납부한다.

③ 예정신고납부할 세액이 2천만원을 초과하는 때에는 그 세액의 100분의 50 이하의 금액을 납부기한이 지난 후 2개월 이내에 분할납부할 수 있다.

④ 당해연도에 누진세율의 적용대상 자산에 대한 예정신고를 2회 이상 한 자가 법령에 따라 이미 신고한 양도소득금액과 합산하여 신고하지 아니한 경우에는 양도소득 과세표준의 확정신고를 하여야 한다.

⑤ 양도차익이 없거나 양도차손이 발생한 경우에도 양도소득 과세표준의 예정신고를 하여야 한다.

06 「소득세법」상 거주자의 양도소득세 신고납부에 관한 설명으로 옳은 것은? 2022년, 제33회 기출

① 건물을 신축하고 그 취득일부터 3년 이내에 양도하는 경우로서 감정가액을 취득가액으로 하는 경우에는 그 감정가액의 100분의 3에 해당하는 금액을 양도소득 결정세액에 가산한다.

② 공공사업의 시행자에게 수용되어 발생한 양도소득세액이 2천만원을 초과하는 경우 납세의무자는 물납을 신청할 수 있다.

③ 과세표준 예정신고와 함께 납부하는 때에는 산출세액에서 납부할 세액의 100분의 5에 상당하는 금액을 공제한다.

④ 예정신고납부할 세액이 1천 5백만원인 자는 그 세액의 100분의 50의 금액을 납부기한이 지난 후 2개월 이내에 분할납부할 수 있다.

⑤ 납세의무자가 법정신고기한까지 양도소득세의 과세표준신고를 하지 아니한 경우(부정행위로 인한 무신고는 제외)에는 그 무신고납부세액에 100분의 20을 곱한 금액을 가산세로 한다.

Answer 5. ② 6. ⑤

최근 10개년 기출문제 | **국외자산양도에 대한 양도소득세**

01 「소득세법」상 국외자산의 양도에 대한 양도소득세 과세에 있어서 국내자산의 양도에 대한 양도소득세 규정 중 준용하지 않는 것은? 2016년, 제27회 기출

① 비과세 양도소득
② 양도소득과세표준의 계산
③ 기준시가의 산정
④ 양도소득의 부당행위계산
⑤ 양도 또는 취득의 시기

02 거주자 甲이 국외에 있는 양도소득세 과세대상 X토지를 양도함으로써 소득이 발생하였다. 다음 중 틀린 것은? (단, 해당 과세기간에 다른 자산의 양도는 없음) 2019년, 제30회 기출

① 甲이 X토지의 양도일까지 계속 5년 이상 국내에 주소 또는 거소를 둔 경우에만 해당 양도소득에 대한 납세의무가 있다.
② 甲이 국외에서 외화를 차입하여 X토지를 취득한 경우 환율변동으로 인하여 외화차입금으로부터 발생한 환차익은 양도소득의 범위에서 제외한다.
③ X토지의 양도가액은 양도 당시의 실지거래가액으로 하는 것이 원칙이다.
④ X토지에 대한 양도차익에서 장기보유특별공제액을 공제한다.
⑤ X토지에 대한 양도소득금액에서 양도소득 기본공제로 250만원을 공제한다.

03 「소득세법」상 거주자(해당 국외자산 양도일까지 계속 5년 이상 국내에 주소를 두고 있음)가 2025년에 양도한 국외자산의 양도소득세에 관한 설명으로 틀린 것은? (단, 국외 외화차입에 의한 취득은 없음) 2020년, 제31회 기출

① 국외에 있는 부동산에 관한 권리로서 미등기 양도자산의 양도로 발생하는 소득은 양도소득의 범위에 포함된다.

② 국외토지의 양도에 대한 양도소득세를 계산하는 경우에는 장기보유 특별공제액은 공제하지 아니한다.

③ 양도 당시의 실지거래가액이 확인되더라도 외국정부의 평가가액을 양도가액으로 먼저 적용한다.

④ 해당 과세기간에 다른 자산의 양도가 없을 경우 국외토지의 양도에 대한 양도소득이 있는 거주자에 대해서는 해당 과세기간의 양도소득금액에서 연 250만원을 공제한다.

⑤ 국외토지의 양도소득에 대하여 해당 외국에서 과세를 하는 경우로서 법령이 정한 그 국외자산 양도소득세액을 납부하였거나 납부할 것이 있을 때에는 외국납부세액의 세액공제방법과 필요경비 산입방법 중 하나를 선택하여 적용할 수 있다.

04 거주자 甲은 2019년에 국외에 1채의 주택을 미화 1십만 달러(취득자금 중 일부 외화 차입)에 취득하였고, 2025년에 동 주택을 미화 2십만 달러에 양도하였다. 이 경우 소득세법상 설명으로 틀린 것은? (단, 甲은 해당자산의 양도일까지 계속 5년 이상 국내에 주소를 둠) 2021년, 제32회 기출

① 甲의 국외주택에 대한 양도차익은 양도가액에서 취득가액과 필요경비개산공제를 차감하여 계산한다.

② 甲의 국외주택 양도로 발생하는 소득이 환율변동으로 인하여 외화차입금으로부터 발생하는 환차익을 포함하고 있는 경우에는 해당 환차익을 양도소득의 범위에서 제외한다.

③ 甲의 국외주택 양도에 대해서는 해당 과세기간의 양도소득금액에서 연 250만원을 공제한다.

④ 甲은 국외주택을 3년 이상 보유하였음에도 불구하고 장기보유특별공제액은 공제하지 아니한다.

⑤ 甲은 국외주택의 양도에 대하여 양도소득세의 납세의무가 있다.

05 소득세법령상 거주자가 2025년에 양도한 국외자산의 양도소득세에 관한 설명으로 틀린 것은? (단, 거주자는 해당 국외자산 양도일까지 계속 5년 이상 국내에 주소를 두고 있으며, 국외 외화차입에 의한 취득은 없음) 2024년, 제35회 기출

① 국외자산의 양도에 대한 양도소득이 있는 거주자는 양도소득 기본공제는 적용받을 수 있으나 장기보유 특별공제는 적용받을 수 없다.

② 국외 부동산을 양도하여 발생한 양도차손은 동일한 과세기간에 국내 부동산을 양도하여 발생한 양도소득금액에서 통산할 수 있다.

③ 국외 양도자산이 부동산임차권인 경우 등기여부와 관계없이 양도소득세가 과세된다.

④ 국외자산의 양도가액은 그 자산의 양도 당시의 실지거래가액으로 한다. 다만, 양도 당시의 실지거래가액을 확인할 수 없는 경우에는 양도자산이 소재하는 국가의 양도 당시 현황을 반영한 시가에 따르되, 시가를 산정하기 어려울 때에는 그 자산의 종류, 규모, 거래상황 등을 고려하여 대통령령으로 정하는 방법에 따른다.

⑤ 국외 양도자산이 양도 당시 거주자가 소유한 유일한 주택으로서 보유기간이 2년 이상인 경우에도 1세대 1주택 비과세 규정을 적용받을 수 없다.

Answer   5. ②

최근 10개년 기출문제 | **비과세 양도소득**

01 **1세대 1주택 요건을 충족하는 거주자 甲이 다음과 같은 단층 겸용주택(주택은 국내 상시주거용이며, 도시지역 내 수도권 내의 토지 중 녹지지역 내의 토지임)을 7억원에 양도하였을 경우 양도소득세가 과세되는 건물면적과 토지면적으로 옳은 것은?** (단, 주어진 조건 외에는 고려하지 않음) 2015년, 제26회 기출

> • 건물: 주택 $80m^2$, 상가 $120m^2$
> • 토지: 건물 부수토지 $800m^2$

① 건물 $120m^2$, 토지 $320m^2$
② 건물 $120m^2$, 토지 $400m^2$
③ 건물 $120m^2$, 토지 $480m^2$
④ 건물 $200m^2$, 토지 $400m^2$
⑤ 건물 $200m^2$, 토지 $480m^2$

02 **「소득세법」상 거주자의 양도소득세 비과세에 관한 설명으로 옳은 것은?** 2016년, 제27회 기출

① 국내에 1주택만을 보유하고 있는 1세대가 해외이주로 세대전원이 출국하는 경우 출국일부터 3년이 되는 날 해당 주택을 양도하면 비과세된다.
② 법원의 결정에 의하여 양도 당시 취득에 관한 등기가 불가능한 미등기주택은 양도소득세 비과세가 배제되는 미등기양도자산에 해당하지 않는다.
③ 직장의 변경으로 세대전원이 다른 시로 주거를 이전하는 경우 6개월간 거주한 1주택을 양도하면 비과세된다.
④ 양도 당시 실지거래가액이 15억원인 1세대 1주택의 양도로 발생하는 양도차익 전부가 비과세된다.
⑤ 농지를 교환할 때 쌍방 토지가액의 차액이 가액이 큰 편의 3분의 1인 경우 발생하는 소득은 비과세된다.

Answer 1. ③ 2. ②

03 다음은 「소득세법 시행령」 제155조 '1세대 1주택의 특례'에 관한 조문의 내용이다. 괄호 안에 들어갈 법령상의 숫자를 순서대로 옳게 나열한 것은? 2018년, 제29회 기출

- 1주택을 보유하는 자가 1주택을 보유하는 자와 혼인함으로써 1세대가 2주택을 보유하게 되는 경우 혼인한 날부터 ( )년 이내에 먼저 양도하는 주택은 이를 1세대 1주택으로 보아 제154조 제1항을 적용한다.
- 1주택을 보유하고 1세대를 구성하는 자가 1주택을 보유하고 있는 ( )세 이상의 직계존속[배우자의 직계존속을 포함하며, 직계존속 중 어느 한 사람이 ( )세 미만인 경우를 포함]을 동거봉양하기 위하여 세대를 합침으로써 1세대가 2주택을 보유하게 되는 경우 합친 날부터 ( )년 이내에 먼저 양도하는 주택은 이를 1세대 1주택으로 보아 제154조 제1항을 적용한다.

① 3, 55, 55, 5   ② 3, 60, 60, 5
③ 3, 60, 55, 10   ④ 5, 55, 55, 10
⑤ 10, 60, 60, 10

04 「소득세법」상 농지에 관한 설명으로 틀린 것은? 2019년, 제30회 기출

① 농지란 논밭이나 과수원으로서 지적공부의 지목과 관계없이 실제로 경작에 사용되는 토지를 말하며, 농지의 경영에 직접 필요한 농막, 퇴비사, 양수장, 지소(池沼), 농도(農道) 및 수로(水路) 등에 사용되는 토지를 포함한다.
② 「국토의 계획 및 이용에 관한 법률」에 따른 주거지역·상업지역·공업지역 외에 있는 농지(환지예정지 아님)를 경작상 필요에 의하여 교환함으로써 발생한 소득은 쌍방 토지가액의 차액이 가액이 큰 편의 4분의 1 이하이고 새로이 취득한 농지를 3년 이상 농지소재지에 거주하면서 경작하는 경우 비과세한다.
③ 농지로부터 직선거리 30킬로미터 이내에 있는 지역에 사실상 거주하는 자가 그 소유농지에서 농작업의 2분의 1 이상을 자기의 노동력에 의하여 경작하는 경우 비사업용 토지에서 제외한다(단, 농지는 도시지역 외에 있으며, 소유기간 중 재촌과 자경에 변동이 없고 농업에서 발생한 소득 이외에 다른 소득은 없음).
④ 「국토의 계획 및 이용에 관한 법률」에 따른 개발제한구역에 있는 농지는 비사업용 토지에 해당한다(단, 소유기간 중 개발제한구역 지정·변경은 없음).
⑤ 비사업용 토지에 해당하는지 여부를 판단함에 있어 농지의 판정은 소득세법령상 규정이 있는 경우를 제외하고 사실상의 현황에 의하며 사실상의 현황이 분명하지 아니한 경우에는 공부상의 등재현황에 의한다.

05 「소득세법」상 거주자의 국내 소재 1세대 1주택인 고가주택과 그 양도소득세에 관한 설명으로 틀린 것은?

2020년, 제31회 기출

① 거주자가 2024년 취득 후 계속 거주한 법령에 따른 고가주택을 2025년 5월에 양도하는 경우 장기보유특별공제의 대상이 되지 않는다.

② "고가주택"이란 기준시가 12억원을 초과하는 주택을 말한다.

③ 법령에 따른 고가주택에 해당하는 자산의 장기보유특별공제액은 소득세법 제95조 제2항에 따른 장기보유특별공제액에 "양도가액에서 12억원을 차감한 금액이 양도가액에서 차지하는 비율"을 곱하여 산출한다.

④ 법령에 따른 고가주택에 해당하는 자산의 양도차익은 소득세법 제95조 제1항에 따른 양도차익에 "양도가액에서 12억원을 차감한 금액이 양도가액에서 차지하는 비율"을 곱하여 산출한다.

⑤ 건축법 시행령 [별표1]에 의한 다가구주택을 구획된 부분별로 양도하지 아니하고 하나의 매매단위로 양도하여 단독주택으로 보는 다가구주택의 경우에는 그 전체를 하나의 주택으로 보아 법령에 따른 고가주택 여부를 판단한다.

06 「소득세법 시행령」 제155조 '1세대 1주택의 특례'에 관한 조문의 내용이다. (   )에 들어갈 숫자로 옳은 것은?

2022년, 제33회 기출

- 영농의 목적으로 취득한 귀농주택으로서 수도권 밖의 지역 중 면지역에 소재하는 주택과 일반주택을 국내에 각각 1개씩 소유하고 있는 1세대가 귀농주택을 취득한 날부터 (㉠)년 이내에 일반주택을 양도하는 경우에는 국내에 1개의 주택을 소유하고 있는 것으로 보아 제154조 제1항을 적용한다.
- 취학 등 부득이한 사유로 취득한 수도권 밖에 소재하는 주택과 일반주택을 국내에 각각 1개씩 소유하고 있는 1세대가 부득이한 사유가 해소된 날부터 (㉡)년 이내에 일반주택을 양도하는 경우에는 국내에 1개의 주택을 소유하고 있는 것으로 보아 제154조 제1항을 적용한다.
- 1주택을 보유하는 자가 1주택을 보유하는 자와 혼인함으로써 1세대가 2주택을 보유하게 되는 경우 혼인한 날부터 (㉢)년 이내에 먼저 양도하는 주택은 이를 1세대 1주택으로 보아 제154조 제1항을 적용한다.

① ㉠: 2, ㉡: 2, ㉢: 5　　　　② ㉠: 2, ㉡: 3, ㉢: 10
③ ㉠: 3, ㉡: 2, ㉢: 5　　　　④ ㉠: 5, ㉡: 3, ㉢: 5
⑤ ㉠: 5, ㉡: 3, ㉢: 10

Answer　　5. ②　6. ⑤

07 소득세법령상 거주자의 양도소득세 비과세에 관한 설명으로 틀린 것은? (단, 국내소재 자산을 양도한 경우임)

2023년, 제34회 기출

① 파산선고에 의한 처분으로 발생하는 소득은 비과세된다.

② 「지적재조사에 관한 특별법」에 따른 경계의 확정으로 지적공부상의 면적이 감소되어 같은 법에 따라 지급받는 조정금은 비과세된다.

③ 건설사업자가 「도시개발법」에 따라 공사용역 대가로 취득한 체비지를 토지구획환지처분공고 전에 양도하는 토지는 양도소득세 비과세가 배제되는 미등기양도자산에 해당하지 않는다.

④ 「도시개발법」에 따른 도시개발사업이 종료되지 아니하여 토지 취득등기를 하지 아니하고 양도하는 토지는 양도소득세 비과세가 배제되는 미등기양도자산에 해당하지 않는다.

⑤ 국가가 소유하는 토지와 분합하는 농지로서 분합하는 쌍방 토지가액의 차액이 가액이 큰 편의 4분의 1을 초과하는 경우 분합으로 발생하는 소득은 비과세된다.

Answer   7. ⑤

최근 10개년 기출문제 | **이월과세**

01 「소득세법」상 배우자 간 증여재산의 이월과세에 관한 설명으로 옳은 것은? 2021년, 제32회 기출

① 이월과세를 적용하는 경우 거주자가 배우자로부터 증여받은 자산에 대하여 납부한 증여세를 필요경비에 산입하지 아니한다.

② 이월과세를 적용받은 자산의 보유기간은 증여한 배우자가 그 자산을 증여한 날을 취득일로 본다.

③ 거주자가 양도일부터 소급하여 10년 이내에 그 배우자(양도 당시 사망으로 혼인관계가 소멸된 경우 포함)로부터 증여받은 토지를 양도할 경우에 이월과세를 적용한다.

④ 거주자가 사업인정고시일부터 소급하여 2년 이전에 배우자로부터 증여받은 경우로서 「공익사업을 위한 토지 등의 취득 및 보상에 관한 법률」에 따라 수용된 경우에는 이월과세를 적용하지 아니한다.

⑤ 이월과세를 적용하여 계산한 양도소득결정세액이 이월과세를 적용하지 않고 계산한 양도소득결정세액보다 적은 경우에 이월과세를 적용한다.

02 다음 자료를 기초로 할 때 소득세법령상 국내 토지A에 대한 양도소득세에 관한 설명으로 옳은 것은? (단, 甲, 乙, 丙은 모두 거주자임) 2024년, 제35회 기출

- 甲은 2019.6.20. 토지A를 3억원에 취득하였으며, 2021.5.15. 토지A에 대한 자본적 지출로 5천만원을 지출하였다.
- 乙은 2023.7.1. 직계존속인 甲으로부터 토지A를 증여받아 2023.7.25. 소유권이전등기를 마쳤다(토지A의 증여 당시 시가는 6억원임).
- 乙은 2025.10.20. 토지A를 甲 또는 乙과 특수 관계가 없는 丙에게 10억원에 양도하였다.
- 토지A는 법령상 협의매수 또는 수용된 적이 없으며, 소득세법 제97조의2 양도소득의 필요경비 계산 특례(이월과세)를 적용하여 계산한 양도소득 결정세액이 이를 적용하지 않고 계산한 양도소득 결정세액보다 크다고 가정한다.

① 양도차익 계산시 양도가액에서 공제할 취득가액은 6억원이다.

② 양도차익 계산시 甲이 지출한 자본적 지출액 5천만원은 양도가액에서 공제할 수 없다.

③ 양도차익 계산시 乙이 납부하였거나 납부할 증여세 상당액이 있는 경우 양도차익을 한도로 필요경비에 산입한다.

④ 장기보유 특별공제액 계산 및 세율 적용시 보유기간은 乙의 취득일부터 양도일까지의 기간으로 한다.

⑤ 甲과 乙은 양도소득세에 대하여 연대납세의무를 진다.

Answer 1. ④ 2. ③

01 거주자 甲은 2019.10.20. 취득한 토지(취득가액 1억원, 등기함)를 동생인 거주자 乙(특수관계인임)에게 2022.10.1. 증여(시가 3억원, 등기함)하였다. 乙은 해당 토지를 2025.6.30. 특수관계가 없는 丙에게 양도(양도가액 10억원)하였다. 양도소득은 乙에게 실질적으로 귀속되지 아니하고, 乙의 증여세와 양도소득세를 합한 세액이 甲이 직접 양도하는 경우로 보아 계산한 양도소득세보다 적은 경우에 해당한다. 소득세법상 양도소득세 납세의무에 관한 설명으로 틀린 것은?

2022년, 제33회 기출

① 乙이 납부한 증여세는 양도차익 계산시 필요경비에 산입한다.

② 양도차익 계산시 취득가액은 甲의 취득 당시를 기준으로 한다.

③ 양도소득세에 대해서는 甲과 乙이 연대하여 납세의무를 진다.

④ 甲은 양도소득세 납세의무자이다.

⑤ 양도소득세 계산시 보유기간은 甲의 취득일부터 乙의 양도일까지의 기간으로 한다.

Answer   1. ①

01 「소득세법」상 양도소득세에 관한 설명으로 옳은 것은? 2016년, 제27회 기출

① 거주자가 국외 토지를 양도한 경우 양도일까지 계속해서 10년간 국내에 주소를 두었다면 양도소득과세표준을 예정신고하여야 한다.

② 비거주자가 국외 토지를 양도한 경우 양도소득세 납부의무가 있다.

③ 거주자가 국내 상가건물을 양도한 경우 거주자의 주소지와 상가건물의 소재지가 다르다면 양도소득세 납세지는 상가건물의 소재지이다.

④ 비거주자가 국내 주택을 양도한 경우 양도소득세 납세지는 비거주자의 국외 주소지이다.

⑤ 거주자가 국외 주택을 양도한 경우 양도일까지 계속해서 5년간 국내에 주소를 두었다면 양도소득금액 계산시 장기보유특별공제가 적용된다.

02 「소득세법」상 거주자의 양도소득세에 관한 설명으로 틀린 것은? (단, 국내소재 부동산의 양도임) 2017년, 제28회 기출

① 같은 해에 여러 개의 자산(모두 등기됨)을 양도한 경우 양도소득기본공제는 해당 과세기간에 먼저 양도한 자산의 양도소득금액에서부터 순서대로 공제한다. 단, 감면소득금액은 없다.

② 「소득세법」 제104조 제3항에 따른 미등기 양도자산에 대하여는 장기보유특별공제를 적용하지 아니한다.

③ 「소득세법」 제97조의2 제1항에 따라 이월과세를 적용받는 경우 장기보유특별공제의 보유기간은 증여자가 해당 자산을 취득한 날부터 기산한다.

④ A법인과 특수관계에 있는 주주가 시가 3억원(「법인세법」 제52조에 따른 시가임)의 토지를 A법인에게 5억원에 양도한 경우 양도가액은 3억원으로 본다. 단, A법인은 이 거래에 대하여 세법에 따른 처리를 적절하게 하였다.

⑤ 특수관계인 간의 거래가 아닌 경우로서 취득가액인 실지거래가액을 인정 또는 확인할 수 없어 그 가액을 추계결정 또는 경정하는 경우에는 매매사례가액, 감정가액, 기준시가의 순서에 따라 적용한 가액에 의한다.

Answer 1. ① 2. ⑤

03 「소득세법」상 거주자의 양도소득과세표준 계산에 관한 설명으로 옳은 것은?

2018년, 제29회 기출

① 양도소득금액을 계산할 때 부동산을 취득할 수 있는 권리에서 발생한 양도차손은 토지
에서 발생한 양도소득금액에서 공제할 수 없다.

② 양도차익을 실지거래가액에 의하는 경우 양도가액에서 공제할 취득가액은 그 자산에 대
한 감가상각비로서 각 과세기간의 사업소득금액을 계산하는 경우 필요경비에 산입한 금
액이 있을 때에는 이를 공제하지 않은 금액으로 한다.

③ 양도소득에 대한 과세표준은 종합소득 및 퇴직소득에 대한 과세표준과 구분하여 계산한다.

④ 1세대 1주택 비과세 요건을 충족하는 고가주택의 양도가액이 15억원이고 양도차익이
5억원인 경우 양도소득세가 과세되는 양도차익은 3억원이다.

⑤ 2018년 4월 1일 이후 지출한 자본적지출액은 그 지출에 관한 증명서류를 수취·보관하
지 않고 실제 지출사실이 금융거래 증명서류에 의하여 확인되지 않는 경우에도 양도차
익 계산시 양도가액에서 공제할 수 있다.

04 「소득세법」상 거주자의 국내자산 양도소득세 계산에 관한 설명으로 옳은 것은?

2020년, 제31회 기출

① 부동산에 관한 권리의 양도로 발생한 양도차손은 토지의 양도에서 발생한 양도소득금액
에서 공제할 수 없다.

② 양도일부터 소급하여 10년 이내에 그 배우자로부터 증여받은 토지의 양도차익을 계산할
때 그 증여받은 토지에 대하여 납부한 증여세는 양도가액에서 공제할 필요경비에 산입
하지 아니한다.

③ 취득원가에 현재가치할인차금이 포함된 양도자산의 보유기간 중 사업소득금액 계산시
필요경비로 산입한 현재가치할인차금상각액은 양도차익을 계산할 때 양도가액에서 공
제할 필요경비로 본다.

④ 특수관계인에게 증여한 자산에 대해 증여자인 거주자에게 양도소득세가 과세되는 경우
수증자가 부담한 증여세 상당액은 양도가액에서 공제할 필요경비에 산입한다.

⑤ 거주자가 특수관계인과의 거래(시가와 거래가액의 차액이 5억원임)에 있어서 토지를 시
가에 미달하게 양도함으로써 조세의 부담을 부당히 감소시킨 것으로 인정되는 때에는
그 양도가액을 시가에 의하여 계산한다.

Answer   3. ③   4. ⑤

05 「소득세법」상 거주자의 양도소득과 관련된 다음 자료에 의한 양도소득세 감면액은? (단, 「조세특례제한법」은 고려하지 않음)

2020년, 제31회 기출

• 양도소득 과세표준	20,000,000원
• 감면대상 양도소득금액	7,500,000원
• 양도소득 기본공제	2,500,000원
• 양도소득 산출세액	10,000,000원
• 감면율	50%

① 1,250,000원
② 1,750,000원
③ 1,850,000원
④ 3,750,000원
⑤ 5,000,000원

06 「소득세법」상 거주자의 양도소득세 징수와 환급에 관한 설명으로 옳은 것은?

2022년, 제33회 기출

① 과세기간별로 이미 납부한 확정신고세액이 관할세무서장이 결정한 양도소득 총결정세액을 초과한 경우 다른 국세에 충당할 수 없다.

② 양도소득과세표준과 세액을 결정 또는 경정한 경우 관할세무서장이 결정한 양도소득 총결정세액이 이미 납부한 확정신고세액을 초과할 때에는 그 초과하는 세액을 해당 거주자에게 알린 날부터 30일 이내에 징수한다.

③ 양도소득세 과세대상 건물을 양도한 거주자는 부담부증여의 채무액을 양도로 보는 경우 예정신고 없이 확정신고를 하여야 한다.

④ 양도소득세 납세의무의 확정은 납세의무자의 신고에 의하지 않고 관할세무서장의 결정에 의한다.

⑤ 이미 납부한 확정신고세액이 관할세무서장이 결정한 양도소득 총결정세액을 초과할 때에는 해당 결정일부터 90일 이내에 환급해야 한다.

Answer 5. ③ 6. ②

07 소득세법령상 거주자의 국내자산 양도에 대한 양도소득세에 관한 설명으로 옳은 것은?

2024년, 제35회 기출

① 부담부증여의 채무액에 해당하는 부분으로서 양도로 보는 경우에는 그 양도일이 속하는 달의 말일부터 2개월 이내에 양도소득세를 신고하여야 한다.

② 토지를 매매하는 거래당사자가 매매계약서의 거래가액을 실지거래가액과 다르게 적은 경우에는 해당 자산에 대하여 「소득세법」에 따른 양도소득세의 비과세에 관한 규정을 적용할 때, 비과세 받을 세액에서 '비과세에 관한 규정을 적용하지 아니하였을 경우의 양도소득 산출세액'과 '매매계약서의 거래가액과 실지거래가액과의 차액' 중 큰 금액을 뺀다.

③ 사업상의 형편으로 인하여 세대전원이 다른 시·군으로 주거를 이전하게 되어 6개월 거주한 주택을 양도하는 경우 보유기간 및 거주기간의 제한을 받지 아니하고 양도소득세가 비과세된다.

④ 토지의 양도로 발생한 양도차손은 동일한 과세기간에 전세권의 양도로 발생한 양도소득금액에서 공제할 수 있다.

⑤ 상속받은 주택과 상속개시 당시 보유한 일반주택을 국내에 각각 1개씩 소유한 1세대가 상속받은 주택을 양도하는 경우에는 국내에 1개의 주택을 소유하고 있는 것으로 보아 1세대 1주택 비과세 규정을 적용한다.

Answer 7. ④

08 다음 자료를 기초로 할 때 소득세법령상 거주자 甲이 확정신고시 신고할 건물과 토지B의 양도소득과세표준을 각각 계산하면? (단, 아래 자산 외의 양도자산은 없고, 양도소득과세표준 예정신고는 모두 하지 않았으며, 감면소득금액은 없다고 가정함) 　　　　2024년, 제35회 기출

구 분	건물(주택아님)	토지A	토지B
양도차익(차손)	15,000,000원	(20,000,000원)	25,000,000원
양도일자	2025.3.10.	2025.5.20.	2025.6.25.
보유기간	1년 8개월	4년 3개월	3년 5개월

- 위 자산은 모두 국내에 있으며 등기됨
- 토지A, 토지B는 비사업용 토지 아님
- 장기보유 특별공제율은 6%로 가정함

	건 물	토지B
①	0원	16,000,000원
②	0원	18,500,000원
③	11,600,000원	5,000,000원
④	12,500,000원	3,500,000원
⑤	12,500,000원	1,000,000원

박문각 공인중개사

취득세

과점주주

01 「지방세법」상 과점주주의 간주취득세가 과세되는 경우가 아닌 것은 모두 몇 개인가? (단, 주식발행법인은 「자본시장과 금융투자업에 관한 법률 시행령」 제176조의9 제1항에 따른 유가증권시장에 상장한 법인이 아니며, 「지방세특례제한법」은 고려하지 않음) 2018년, 제29회 기출

> ⊙ 법인설립시에 발행하는 주식을 취득함으로써 과점주주가 된 경우
> ⊙ 과점주주가 아닌 주주가 다른 주주로부터 주식을 취득함으로써 최초로 과점주주가 된 경우
> ⊙ 이미 과점주주가 된 주주가 해당 법인의 주식을 취득하여 해당 법인의 주식의 총액에 대한 과점주주가 가진 주식의 비율이 증가된 경우
> ⊙ 과점주주 집단 내부에서 주식이 이전되었으나 과점주주 집단이 소유한 총주식의 비율에 변동이 없는 경우

① 0개   ② 1개   ③ 2개
④ 3개   ⑤ 4개

Answer   1. ③

최근 10개년 기출문제 **취득세 납세의무자**

01 「지방세법」상 취득세의 납세의무자 등에 관한 설명으로 옳은 것은?   2015년, 제26회 기출

① 취득세는 부동산, 부동산에 준하는 자산, 어업권을 제외한 각종 권리 등을 취득한 자에게 부과한다.

② 건축물 중 조작설비로서 그 주체구조부와 하나가 되어 건축물로서의 효용가치를 이루고 있는 것에 대하여는 주체구조부 취득자 외의 자가 가설한 경우에도 주체구조부의 취득자가 함께 취득한 것으로 본다.

③ 법인설립시 발행하는 주식을 취득함으로써 지방세기본법에 따른 과점주주가 되었을 때에는 그 과점주주가 해당 법인의 부동산등을 취득한 것으로 본다.

④ 토지의 지목을 사실상 변경함으로써 그 가액이 증가한 경우에 취득으로 보지 아니한다.

⑤ 증여자의 채무를 인수하는 부담부증여의 경우에 그 채무액에 상당하는 부분은 부동산등을 유상 취득한 것으로 보지 아니한다.

02 「지방세법상」 취득세의 납세의무에 관한 설명으로 틀린 것은?   2016년, 제27회 기출

① 부동산의 취득은 「민법」 등 관계 법령에 따른 등기를 하지 아니한 경우라도 사실상 취득하면 취득한 것으로 본다.

② 「주택법」에 따른 주택조합이 해당 조합원용으로 취득하는 조합주택용 부동산(조합원에게 귀속되지 아니하는 부동산은 제외)은 그 조합원이 취득한 것으로 본다.

③ 직계비속이 직계존속의 부동산을 매매로 취득하는 때에 해당 직계비속의 다른 재산으로 그 대가를 지급한 사실이 입증되는 경우 유상으로 취득한 것으로 본다.

④ 직계비속이 권리의 이전에 등기가 필요한 직계존속의 부동산을 서로 교환한 경우 무상으로 취득한 것으로 본다.

⑤ 직계비속이 공매를 통하여 직계존속의 부동산을 취득하는 경우 유상으로 취득한 것으로 본다.

Answer 1. ② 2. ④

03   「지방세법」상 취득세 납세의무에 관한 설명으로 옳은 것은?   2021년, 제32회 기출

① 토지의 지목을 사실상 변경함으로써 그 가액이 증가한 경우에는 취득으로 보지 아니한다.

② 상속회복청구의 소에 의한 법원의 확정판결에 의하여 특정 상속인이 당초 상속분을 초과하여 취득하게 되는 재산가액은 상속분이 감소한 상속인으로부터 증여받아 취득한 것으로 본다.

③ 권리의 이전이나 행사에 등기 또는 등록이 필요한 부동산을 직계존속과 서로 교환한 경우에는 무상으로 취득한 것으로 본다.

④ 증여로 인한 승계취득의 경우 해당 취득물건을 등기·등록하더라도 취득일부터 취득일이 속하는 달의 말일부터 3개월 이내에 공증받은 공정증서에 의하여 계약이 해제된 사실이 입증되는 경우에는 취득한 것으로 보지 아니한다.

⑤ 증여자가 배우자 또는 직계존비속이 아닌 경우 증여자의 채무를 인수하는 부담부 증여의 경우에는 그 채무액에 상당하는 부분은 부동산등을 유상으로 취득하는 것으로 본다.

Answer   3. ⑤

01 「지방세법」상 취득의 시기 등에 관한 설명으로 틀린 것은?　　　　2017년, 제28회 기출

① 연부로 취득하는 것(취득가액의 총액이 50만원 이하인 것은 제외)은 그 사실상의 연부금 지급일을 취득일로 본다. 단, 취득일 전에 등기 또는 등록한 경우에는 그 등기일 또는 등록일에 취득한 것으로 본다.

② 관계법령에 따라 매립·간척 등으로 토지를 원시취득하는 경우로서 공사준공인가일 전에 사실상 사용하는 경우에는 그 사실상 사용일을 취득일로 본다.

③ 「주택법」제11조에 따른 주택조합이 주택건설사업을 하면서 조합원으로부터 취득하는 토지 중 조합원에게 귀속되지 아니하는 토지를 취득하는 경우에는 「주택법」제49조에 따른 사용검사를 받은 날에 그 토지를 취득한 것으로 본다.

④ 「도시 및 주거환경정비법」제35조 제3항에 따른 재건축조합이 재건축사업을 하면서 조합원으로부터 취득하는 토지 중 조합원에게 귀속되지 아니하는 토지를 취득하는 경우에는 「도시 및 주거환경정비법」제86조 제2항에 따른 소유권이전 고시일에 그 토지를 취득한 것으로 본다.

⑤ 토지의 지목변경에 따른 취득은 토지의 지목이 사실상 변경된 날과 공부상 변경된 날 중 빠른 날을 취득일로 본다. 다만, 토지의 지목변경일 이전에 사용하는 부분에 대해서는 그 사실상의 사용일을 취득일로 본다.

02 「지방세법」상 취득의 시기에 관한 설명으로 틀린 것은?　　　　2019년, 제30회 기출

① 상속으로 인한 취득의 경우: 상속개시일

② 공매방법에 의한 취득의 경우: 그 사실상의 잔금지급일과 등기일 또는 등록일 중 빠른 날

③ 건축물(주택 아님)을 건축하여 취득하는 경우로서 사용승인서를 내주기 전에 임시사용승인을 받은 경우: 그 임시사용승인일과 사실상의 사용일 중 빠른 날

④ 「민법」제839조의2에 따른 재산분할로 인한 취득의 경우: 취득물건의 등기일 또는 등록일

⑤ 관계 법령에 따라 매립으로 토지를 원시취득하는 경우: 취득물건의 등기일

Answer　　1. ④　2. ⑤

03 **지방세기본법령 및 지방세법령상 취득세 납세의무의 성립에 관한 설명으로 틀린 것은?**

2023년, 제34회 기출

① 상속으로 인한 취득의 경우에는 상속개시일이 납세의무의 성립시기이다.

② 부동산의 증여계약으로 인한 취득에 있어서 소유권이전등기를 하지 않고 계약일부터 계약일이 속하는 달의 말일부터 3개월 이내에 공증받은 공정증서로 계약이 해제된 사실이 입증되는 경우에는 취득한 것으로 보지 않는다.

③ 유상승계취득의 경우 사실상의 잔금지급일을 확인할 수 있는 때에는 사실상의 잔금지급일이 납세의무의 성립시기이다.

④ 「민법」에 따른 이혼시 재산분할로 인한 부동산 취득의 경우에는 취득물건의 등기일이 납세의무의 성립시기이다.

⑤ 「도시 및 주거환경정비법」에 따른 재건축조합이 재건축사업을 하면서 조합원으로부터 취득하는 토지 중 조합원에게 귀속되지 아니하는 토지를 취득하는 경우에는 같은 법에 따른 준공인가 고시일의 다음 날이 납세의무의 성립시기이다.

Answer 3. ③, ⑤ [복수 정답]

최근 10개년 기출문제 **취득세 과세표준**

01 「지방세법」상 사실상의 취득가격 또는 연부금액을 취득세의 과세표준으로 하는 경우 취득가격 또는 연부금액에 포함되지 않는 것은? (단, 특수관계인과의 거래가 아니며, 비용 등은 취득시기 이전에 지급되었음)

2016년, 제27회 기출 수정

① 「전기사업법」에 따라 전기를 사용하는 자가 분담하는 비용
② 법인의 건설자금에 충당한 차입금의 이자
③ 법인이 연부로 취득하는 경우 연부 계약에 따른 이자상당액
④ 취득에 필요한 용역을 제공받은 대가로 지급하는 용역비
⑤ 취득대금 외에 당사자의 약정에 따른 취득자 조건 부담액

02 甲은 특수관계 없는 乙로부터 다음과 같은 내용으로 주택을 취득하였다. 취득세 과세표준 금액으로 옳은 것은?

2018년, 제29회 기출

- 아래의 계약내용은 「부동산 거래신고 등에 관한 법률」 제3조에 따른 신고서를 제출하여 같은 법 제5조에 따라 검증이 이루어짐
- 계약내용

총매매대금	500,000,000원
2025년 7월 2일 계약금	50,000,000원
2025년 8월 2일 중도금	150,000,000원
2025년 9월 3일 잔금	300,000,000원

- 甲이 주택 취득과 관련하여 지출한 비용

(1) 총매매대금 외에 당사자약정에 의하여 乙의 은행채무를 甲이 대신 변제한 금액	10,000,000원
(2) 법령에 따라 매입한 국민주택채권을 해당 주택의 취득 이전에 금융회사에 양도함으로써 발생하는 매각차손	1,000,000원

① 500,000,000원   ② 501,000,000원
③ 509,000,000원   ④ 510,000,000원
⑤ 511,000,000원

Answer 1. ① 2. ⑤

03 「지방세법」상 시가표준액에 관한 설명으로 옳은 것을 모두 고른 것은? 2021년, 제32회 기출

> ㉠ 토지의 시가표준액은 세목별 납세의무의 성립시기 당시 「부동산 가격공시에 관한 법률」
> 에 따른 개별공시지가가 공시된 경우 개별공시지가로 한다.
> ㉡ 건축물의 시가표준액은 소득세법령에 따라 매년 1회 국세청장이 산정, 고시하는 건물신
> 축가격기준액에 행정안전부장관이 정한 기준을 적용하여 국토교통부장관이 결정한 가액
> 으로 한다.
> ㉢ 공동주택의 시가표준액은 공동주택가격이 공시되지 아니한 경우에는 지역별·단지별·
> 면적별·층별 특성 및 거래가격을 고려하여 행정안전부장관이 정하는 기준에 따라 국토
> 교통부장관이 산정한 가액으로 한다.

① ㉠   ② ㉠, ㉡   ③ ㉠, ㉢
④ ㉡, ㉢   ⑤ ㉠, ㉡, ㉢

04 지방세법령상 취득세의 취득당시가액에 관한 설명으로 옳은 것은? (단, 주어진 조건 외에는
고려하지 않음) 2024년, 제35회 기출

① 건축물을 교환으로 취득하는 경우에는 교환으로 이전받는 건축물의 시가표준액과 이전
하는 건축물의 시가표준액 중 낮은 가액을 취득당시가액으로 한다.
② 상속에 따른 건축물 무상취득의 경우에는 「지방세법」 제4조에 따른 시가표준액을 취득
당시가액으로 한다.
③ 대물변제에 따른 건축물 취득의 경우에는 대물변제액(대물변제액 외에 추가로 지급한
금액이 있는 경우에는 그 금액을 제외한다)을 취득당시가액으로 한다.
④ 법인이 아닌 자가 건축물을 건축하여 취득하는 경우로서 사실상취득가격을 확인할 수
없는 경우에는 시가인정액을 취득당시가액으로 한다.
⑤ 법인이 아닌 자가 건축물을 매매로 승계취득하는 경우에는 그 건축물을 취득하기 위하여
「공인중개사법」에 따른 공인중개사에게 지급한 중개보수를 취득당시가액에 포함한다.

Answer 3. ①   4. ②

최근 10개년 기출문제 **표준세율**

01 「지방세법」상 부동산 취득시 취득세 과세표준에 적용되는 표준세율로 옳은 것을 모두 고른 것은?

2015년, 제26회 기출

> ㉠ 상속으로 인한 농지취득 : 1천분의 23
> ㉡ 합유물 및 총유물의 분할로 인한 취득 : 1천의 23
> ㉢ 원시취득(공유수면의 매립 또는 간척으로 인한 농지취득 제외) : 1천분의 28
> ㉣ 법령으로 정한 비영리사업자의 상속 외의 무상취득 : 1천분의 28

① ㉠, ㉡   ② ㉡, ㉢   ③ ㉠, ㉢
④ ㉡, ㉢, ㉣   ⑤ ㉠, ㉡, ㉢, ㉣

02 「지방세법」상 공유농지를 분할로 취득하는 경우 자기 소유지분에 대한 취득세 과세표준의 표준세율은?

2016년, 제27회 기출

① 1천분의 23   ② 1천분의 28
③ 1천분의 30   ④ 1천분의 35
⑤ 1천분의 40

03 「지방세법」상 취득세의 표준세율이 가장 높은 것은? (단, 「지방세특례제한법」은 고려하지 않음)

2019년, 제30회 기출

① 상속으로 건물(주택 아님)을 취득한 경우
② 「사회복지사업법」에 따라 설립된 사회복지법인이 독지가의 기부에 의하여 건물을 취득한 경우
③ 영리법인이 공유수면을 매립하여 농지를 취득한 경우
④ 무주택자인 개인이 유상거래를 원인으로 「지방세법」 제10조에 따른 취득 당시의 가액이 7억5천만원인 주택(「주택법」에 의한 주택으로서 등기부에 주택으로 기재된 주거용 건축물과 그 부속토지)을 취득한 경우
⑤ 유상거래를 원인으로 농지를 취득한 경우

Answer   1. ⑤   2. ①   3. ⑤

04 지방세법령상 부동산 취득에 대한 취득세의 표준세율로 옳은 것을 모두 고른 것은? (단, 조례에 의한 세율조정, 지방세관계법령상 특례 및 감면은 고려하지 않음) 2024년, 제35회 기출

> ㉠ 상속으로 인한 농지의 취득: 1천분의 23
> ㉡ 법인의 합병으로 인한 농지 외의 토지 취득: 1천분의 40
> ㉢ 공유물의 분할로 인한 취득: 1천분의 17
> ㉣ 매매로 인한 농지 외의 토지 취득: 1천분의 19

① ㉠, ㉡　　　　　　　② ㉡, ㉢　　　　　　　③ ㉢, ㉣
④ ㉠, ㉡, ㉢　　　　　⑤ ㉡, ㉢, ㉣

Answer   4. ①

01 「지방세법」상 취득세 표준세율에서 중과기준세율을 뺀 세율로 산출한 금액을 그 세액으로 하는 것으로만 모두 묶은 것은? (단, 취득물건은 「지방세법」 제11조 제1항 제8호에 따른 주택 외의 부동산이며 취득세 중과대상이 아님) **2017년, 제28회 기출**

> ㉠ 환매등기를 병행하는 부동산의 매매로서 환매기간 내에 매도자가 환매한 경우의 그 매도자와 매수자의 취득
> ㉡ 존속기간이 1년을 초과하는 임시건축물의 취득
> ㉢ 「민법」 제839조의 2에 따라 이혼시 재산분할로 인한 취득
> ㉣ 등기부등본상 본인 지분을 초과하지 않는 공유물의 분할로 인한 취득

① ㉠, ㉡   ② ㉡, ㉣   ③ ㉢, ㉣
④ ㉠, ㉡, ㉢   ⑤ ㉠, ㉢, ㉣

Answer   1. ⑤

01   「지방세법」상 취득세의 과세표준 및 세율에 관한 설명으로 틀린 것은?   2015년, 제26회 기출

① 취득세의 과세표준은 취득 당시의 가액으로 한다. 다만, 연부로 취득하는 경우의 과세표준은 매회 사실상 지급되는 금액을 말하며, 취득금액에 포함되는 계약보증금을 포함한다(단, 신고가액은 시가표준액보다 큼).

② 건축(신축·재축 제외)으로 인하여 건축물 면적이 증가할 때에는 그 증가된 부분에 대하여 원시취득으로 보아 해당 세율을 적용한다.

③ 환매등기를 병행하는 부동산의 매매로서 환매기간 내에 매도자가 환매한 경우의 그 매도자와 매수자의 취득에 대한 취득세는 표준세율에 중과기준세율(1천분의 20)을 합한 세율로 산출한 금액으로 한다.

④ 토지를 취득한 자가 그 취득한 날부터 1년 이내에 그에 인접한 토지를 취득한 경우에는 그 전후의 취득에 관한 토지의 취득을 1건의 토지 취득으로 보아 면세점을 적용한다.

⑤ 지방자치단체장은 조례로 정하는 바에 따라 취득세 표준세율의 100분의 50 범위에서 가감할 수 있다.

Answer   1. ③

01 「지방세법」상 취득세 또는 등록면허세의 신고·납부에 관한 설명으로 옳은 것은? (단, 비과세 및 「지방세특례제한법」은 고려하지 않음) 2020년, 제31회 기출

① 상속으로 취득세 과세물건을 취득한 자는 상속개시일로부터 6개월 이내에 과세표준과 세액을 신고·납부하여야 한다.

② 취득세 과세물건을 취득한 후 중과세 대상이 되었을 때에는 표준세율을 적용하여 산출한 세액에서 이미 납부한 세액(가산세 포함)을 공제한 금액을 세액으로 하여 신고·납부하여야 한다.

③ 지목변경으로 인한 취득세 납세의무자가 신고를 하지 아니하고 매각하는 경우 산출세액에 100분의 80을 가산한 금액을 세액으로 하여 징수한다.

④ 등록을 하려는 자가 등록면허세 신고의무를 다하지 않고 산출세액을 등록 전까지 납부한 경우 지방세기본법에 따른 무신고가산세를 부과한다.

⑤ 등기·등록관서의 장은 등기 또는 등록 후에 등록면허세가 납부되지 아니하였거나 납부부족액을 발견한 경우에는 다음 달 10일까지 납세지를 관할하는 시장·군수·구청장에게 통보하여야 한다.

02 「지방세법」상 취득세의 부과·징수에 관한 설명으로 옳은 것은? 2022년, 제33회 기출

① 취득세의 징수는 보통징수의 방법으로 한다.

② 상속으로 취득세 과세물건을 취득한 자는 상속개시일부터 60일 이내에 산출한 세액을 신고하고 납부하여야 한다.

③ 신고·납부기한 이내에 재산권과 그 밖의 권리의 취득·이전에 관한 사항을 공부에 등기하거나 등록(등재 포함)하려는 경우에는 등기 또는 등록 신청서를 등기·등록관서에 접수하는 날까지 취득세를 신고·납부하여야 한다.

④ 취득세 과세물건을 취득한 후에 그 과세물건이 중과 세율의 적용대상이 되었을 때에는 중과 세율을 적용하여 산출한 세액에서 이미 납부한 세액(가산세 포함)을 공제한 금액을 세액으로 하여 신고·납부하여야 한다.

⑤ 법인의 취득당시가액을 증명할 수 있는 장부가 없는 경우 지방자치단체의 장은 그 산출된 세액의 100분의 20을 징수하여야 할 세액에 가산한다.

Answer   1. ⑤   2. ③

01 「지방세법」상 신탁(「신탁법」에 따른 신탁으로서 신탁등기가 병행되는 것임)으로 인한 신탁재산의 취득으로서 취득세를 부과하는 경우는 모두 몇 개인가?

2018년, 제29회 기출

> ㉠ 위탁자로부터 수탁자에게 신탁재산을 이전하는 경우
> ㉡ 신탁의 종료로 인하여 수탁자로부터 위탁자에게 신탁재산을 이전하는 경우
> ㉢ 수탁자가 변경되어 신수탁자에게 신탁재산을 이전하는 경우
> ㉣ 「주택법」에 따른 주택조합이 비조합원용 부동산을 취득하는 경우

① 0개   ② 1개   ③ 2개
④ 3개   ⑤ 4개

02 「지방세법」상 취득세가 부과되지 않는 것은?

2019년, 제30회 기출

① 「주택법」에 따른 공동주택의 개수(「건축법」에 따른 대수선 제외)로 인한 취득 중 개수로 인한 취득 당시 주택의 시가표준액이 9억원 이하인 경우
② 형제간에 부동산을 상호교환한 경우
③ 직계존속으로부터 거주하는 주택을 증여받은 경우
④ 파산선고로 인하여 처분되는 부동산을 취득한 경우
⑤ 「주택법」에 따른 주택조합이 해당 조합원용으로 조합주택용 부동산을 취득한 경우

최근 10개년 기출문제 **취득세 종합문제**

01 「지방세법」상 취득세에 관한 설명으로 틀린 것은? 2017년, 제28회 기출 수정

① 지방자치단체에 기부채납을 조건으로 부동산을 취득하는 경우라도 그 반대급부로 기부채납 대상물의 무상사용권을 제공받는 때에는 그 해당 부분에 대해서는 취득세를 부과한다.

② 상속(피상속인이 상속인에게 한 유증 및 포괄유증과 신탁재산의 상속 포함)으로 인하여 취득하는 경우에는 상속인 각자가 상속받는 취득물건(지분을 취득하는 경우에는 그 지분에 해당하는 취득물건을 말함)을 취득한 것으로 본다.

③ 부동산 등을 유상거래로 승계취득하는 경우 취득당시가액은 취득시기 이전에 해당 물건을 취득하기 위하여 거래 상대방이나 제3자에게 지급하였거나 지급하여야 할 일체의 비용으로서 대통령령으로 정하는 사실상의 취득가격으로 한다.

④ 무상승계취득한 취득물건을 취득일에 등기·등록한 후 화해조서·인낙조서에 의하여 취득일부터 취득일이 속하는 달의 말일부터 3개월 이내에 계약이 해제된 사실을 입증하는 경우에는 취득한 것으로 보지 아니한다.

⑤ 「주택법」 제2조 제3호에 따른 공동주택의 개수(「건축법」 제2조 제1항 제9호에 따른 대수선은 제외함)로 인한 취득 중 개수로 인한 취득 당시 「지방세법」 제4조에 따른 주택의 시가표준액이 9억원 이하인 주택과 관련된 개수로 인한 취득에 대해서는 취득세를 부과하지 아니한다.

02 「지방세법」상 취득세에 관한 설명으로 옳은 것은? 2020년, 제31회 기출 수정

① 국가 및 외국정부의 취득에 대해서는 취득세를 부과한다.

② 토지의 지목변경에 따른 취득은 토지의 지목이 사실상 변경된 날을 취득일로 본다.

③ 국가가 취득세 과세물건을 매각하면 매각일부터 60일 이내에 지방자치단체의 장에게 신고하여야 한다.

④ 상속에 따른 무상취득의 경우 시가인정액을 취득당시가액으로 한다.

⑤ 토지를 취득한 자가 그 취득한 날부터 1년 이내에 그에 인접한 토지를 취득한 경우 그 전후의 취득에 관한 토지의 취득을 1건의 토지 취득으로 보아 취득세에 대한 면세점을 적용한다.

Answer 1. ④ 2. ⑤

03 「지방세법」상 취득세에 관한 설명으로 틀린 것은?   2021년, 제32회 기출

① 「도시 및 주거환경정비법」에 따른 재건축조합이 재건축 사업을 하면서 조합원으로부터 취득하는 토지 중 조합원에게 귀속되지 아니하는 토지를 취득하는 경우에는 같은 법에 따른 소유권이전 고시일의 다음 날에 그 토지를 취득한 것으로 본다.

② 취득세 과세물건을 취득한 후에 그 과세물건이 중과세율의 적용대상이 되었을 때에는 취득한 날부터 60일 이내에 중과세율을 적용하여 산출한 세액에서 이미 납부한 세액(가산세 포함)을 공제한 금액을 신고하고 납부하여야 한다.

③ 대한민국 정부기관의 취득에 대하여 과세하는 외국정부의 취득에 대해서는 취득세를 부과한다.

④ 상속으로 인한 취득의 경우에는 상속개시일에 취득한 것으로 본다.

⑤ 부동산의 취득은 「민법」 등 관계 법령에 따른 등기·등록 등을 하지 아니한 경우라도 사실상 취득하면 취득한 것으로 본다.

04 「지방세법」상 취득세에 관한 설명으로 옳은 것은?   2022년, 제33회 기출

① 건축물 중 부대설비에 속하는 부분으로서 그 주체구조부와 하나가 되어 건축물로서의 효용가치를 이루고 있는 것에 대하여는 주체구조부 취득자 외의 자가 가설한 경우에도 주체구조부의 취득자가 함께 취득한 것으로 본다.

② 세대별 소유주택 수에 따른 중과 세율을 적용함에 있어 주택으로 재산세를 과세하는 오피스텔(2025년 취득)은 해당 오피스텔을 소유한 자의 주택 수에 가산하지 아니한다.

③ 납세의무자가 토지의 지목을 사실상 변경한 후 산출세액에 대한 신고를 하지 아니하고 그 토지를 매각하는 경우에는 산출세액에 100분의 80을 가산한 금액을 세액으로 하여 징수한다.

④ 공사현장사무소 등 임시건축물의 취득에 대하여는 그 존속기간에 관계없이 취득세를 부과하지 아니한다.

⑤ 토지를 취득한 자가 취득한 날부터 1년 이내에 그에 인접한 토지를 취득한 경우 그 취득가액이 100만원일 때에는 취득세를 부과하지 아니한다.

05 지방세법령상 취득세에 관한 설명으로 틀린 것은?

① 건축물 중 조작 설비에 속하는 부분으로서 그 주체구조부와 하나가 되어 건축물로서의 효용가치를 이루고 있는 것에 대하여는 주체구조부 취득자 외의 자가 가설한 경우에도 주체구조부의 취득자가 함께 취득한 것으로 본다.

② 「도시개발법」에 따른 환지방식에 의한 도시개발사업의 시행으로 토지의 지목이 사실상 변경됨으로써 그 가액이 증가한 경우에는 그 환지계획에 따라 공급되는 환지는 사업시행자가, 체비지 또는 보류지는 조합원이 각각 취득한 것으로 본다.

③ 경매를 통하여 배우자의 부동산을 취득하는 경우에는 유상으로 취득한 것으로 본다.

④ 형제자매인 증여자의 채무를 인수하는 부동산의 부담부증여의 경우에는 그 채무액에 상당하는 부분은 부동산을 유상으로 취득하는 것으로 본다.

⑤ 부동산의 승계취득은 「민법」 등 관계 법령에 따른 등기를 하지 아니한 경우라도 사실상 취득하면 취득한 것으로 보고 그 부동산의 양수인을 취득자로 한다.

06 지방세법령상 취득세에 관한 설명으로 틀린 것은? (단, 지방세특례제한법령은 고려하지 않음)

① 대한민국 정부기관의 취득에 대하여 과세하는 외국정부의 취득에 대해서는 취득세를 부과한다.

② 토지의 지목을 사실상 변경함으로써 그 가액이 증가한 경우에는 취득으로 본다.

③ 국가에 귀속의 반대급부로 영리법인이 국가 소유의 부동산을 무상으로 양여받는 경우에는 취득세를 부과하지 아니한다.

④ 영리법인이 취득한 임시흥행장의 존속기간이 1년을 초과하는 경우에는 취득세를 부과한다.

⑤ 신탁(「신탁법」에 따른 신탁으로서 신탁등기가 병행되는 것만 해당한다)으로 인한 신탁재산의 취득 중 주택조합등과 조합원 간의 부동산 취득에 대해서는 취득세를 부과한다.

Answer   5. ②   6. ③

최근 10개년 기출문제 **취득세와 등록면허세**

01 「지방세법」상 취득세 및 등록면허세에 관한 설명으로 옳은 것은? 2016년, 제27회 기출 수정

① 취득세 과세물건을 취득한 후 중과세 세율 적용대상이 되었을 경우 60일 이내에 산출세액에서 이미 납부한 세액(가산세 포함)을 공제하여 신고·납부하여야 한다.

② 취득세 과세물건을 취득한 자가 재산권의 취득에 관한 사항을 등기하는 경우 등기한 후 30일 내에 취득세를 신고·납부하여야 한다.

③ 상속에 따른 건축물 무상취득의 경우에는 시가인정액을 취득당시가액으로 한다.

④ 부동산가압류에 대한 등록면허세의 세율은 부동산가액의 1천분의 2로 한다.

⑤ 등록하려는 자가 신고의무를 다하지 아니하고 등록면허세 산출세액을 등록하기 전까지 (신고기한이 있는 경우 신고기한까지) 납부하였을 때에는 신고·납부한 것으로 본다.

02 「지방세법」상 취득세 또는 등록면허세의 신고·납부에 관한 설명으로 옳은 것은? (단, 비과세 및 「지방세특례제한법」은 고려하지 않음) 2020년, 제31회 기출

① 상속으로 취득세 과세물건을 취득한 자는 상속개시일로부터 6개월 이내에 과세표준과 세액을 신고·납부하여야 한다.

② 취득세 과세물건을 취득한 후 중과세 대상이 되었을 때에는 표준세율을 적용하여 산출한 세액에서 이미 납부한 세액(가산세 포함)을 공제한 금액을 세액으로 하여 신고·납부하여야 한다.

③ 지목변경으로 인한 취득세 납세의무자가 신고를 하지 아니하고 매각하는 경우 산출세액에 100분의 80을 가산한 금액을 세액으로 하여 징수한다.

④ 등록을 하려는 자가 등록면허세 신고의무를 다하지 않고 산출세액을 등록 전까지 납부한 경우 지방세기본법에 따른 무신고가산세를 부과한다.

⑤ 등기·등록관서의 장은 등기 또는 등록 후에 등록면허세가 납부되지 아니하였거나 납부부족액을 발견한 경우에는 다음 달 10일까지 납세지를 관할하는 시장·군수·구청장에게 통보하여야 한다.

Answer 1. ⑤   2. ⑤

MEMO

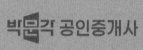

등록면허세

최근 10개년 기출문제 | **등록면허세 세율**

01 「지방세법」상 부동산등기에 대한 등록면허세의 표준세율로 틀린 것은? (단, 표준세율을 적용하여 산출한 세액이 부동산등기에 대한 그 밖의 등기 또는 등록세율보다 크다고 가정함)

2017년, 제28회 기출

① 전세권 설정등기: 전세금액의 1천분의 2
② 상속으로 인한 소유권이전등기: 부동산가액의 1천분의 8
③ 지역권 설정 및 이전등기: 요역지 가액의 1천분의 2
④ 임차권 설정 및 이전등기: 임차보증금의 1천분의 2
⑤ 저당권 설정 및 이전등기: 채권금액의 1천분의 2

02 「지방세법」상 부동산 등기에 대한 등록면허세의 표준세율로서 틀린 것은? (단, 부동산 등기에 대한 표준세율을 적용하여 산출한 세액이 그 밖의 등기 또는 등록세율보다 크다고 가정하며, 중과세 및 비과세와 「지방세특례제한법」은 고려하지 않음)

2020년, 제31회 기출

① 소유권 보존: 부동산가액의 1천분의 8
② 가처분: 부동산가액의 1천분의 2
③ 지역권 설정: 요역지가액의 1천분의 2
④ 전세권 이전: 전세금액의 1천분의 2
⑤ 상속으로 인한 소유권 이전: 부동산가액의 1천분의 8

Answer 1. ④ 2. ②

등록면허세 종합문제

01 「지방세법」상 등록면허세에 관한 설명으로 옳은 것은? 2015년, 제26회 기출

① 부동산 등기에 대한 등록면허세 납세지는 부동산 소유자의 주소지이다.

② 등록을 하려는 자가 신고의무를 다하지 않은 경우 등록면허세 산출세액을 등록하기 전까지 납부하였을 때에는 신고·납부한 것으로 보지만 무신고 가산세가 부과된다.

③ 상속으로 인한 소유권 이전 등기의 세율은 부동산 가액의 1천분의 15로 한다.

④ 부동산을 등기하려는 자는 과세표준에 세율을 적용하여 산출한 세액을 등기를 하기 전까지 납세지를 관할하는 지방자치단체의 장에게 신고·납부하여야 한다.

⑤ 대도시 밖에 있는 법인의 본점이나 주사무소를 대도시로 전입함에 따른 등기는 법인등기에 대한 세율의 100분의 200을 적용한다.

02 「지방세법」상 등록면허세에 관한 설명으로 틀린 것은? 2017년, 제28회 기출

① 같은 등록에 관계되는 재산이 둘 이상의 지방자치단체에 걸쳐 있어 등록면허세를 지방자치단체별로 부과할 수 없을 때에는 등록관청 소재지를 납세지로 한다.

② 「여신전문금융업법」 제2조 제12호에 따른 할부금융업을 영위하기 위하여 대도시에서 법인을 설립함에 따른 등기를 할 때에는 그 세율을 해당 표준세율의 100분의 300으로 한다. 단, 그 등기일부터 2년 이내에 업종변경이나 업종추가는 없다.

③ 무덤과 이에 접속된 부속시설물의 부지로 사용되는 토지로서 지적공부상 지목이 묘지인 토지에 관한 등기에 대하여는 등록면허세를 부과하지 아니한다.

④ 재산권 기타 권리의 설정·변경 또는 소멸에 관한 사항을 공부에 등기 또는 등록을 받는 등기·등록부상에 기재된 명의자는 등록면허세를 납부할 의무를 진다.

⑤ 지방자치단체의 장은 조례로 정하는 바에 따라 등록면허세의 세율을 부동산등기에 대한 표준세율의 100분의 50의 범위에서 가감할 수 있다.

Answer   1. ④   2. ②

03 「지방세법」상 등록면허세가 과세되는 등록 또는 등기가 아닌 것은? (단, 2019년 1월 1일 이후 등록 또는 등기한 것으로 가정함) 2018년, 제29회 기출

① 광업권의 취득에 따른 등록
② 외국인 소유의 선박을 직접 사용하기 위하여 연부취득 조건으로 수입하는 선박의 등록
③ 취득세 부과제척기간이 경과한 주택의 등기
④ 취득가액이 50만원 이하인 차량의 등록
⑤ 계약상의 잔금지급일을 2019년 12월 1일로 하는 부동산(취득가액 1억원)의 소유권이전 등기

04 甲이 乙소유 부동산에 관해 전세권설정등기를 하는 경우 「지방세법상」 등록에 대한 등록면허세에 관한 설명으로 틀린 것은? 2018년, 제29회 기출

① 등록면허세의 납세의무자는 전세권자인 甲이다.
② 부동산소재지와 乙의 주소지가 다른 경우 등록면허세의 납세지는 乙의 주소지로 한다.
③ 전세권설정등기에 대한 등록면허세의 표준세율은 전세금액의 1,000분의 2이다.
④ 전세권설정등기에 대한 등록면허세의 산출세액이 건당 6천원보다 적을 때에는 등록면허세의 세액은 6천원으로 한다.
⑤ 만약 丙이 甲으로부터 전세권을 이전받아 등기하는 경우라면 등록면허세의 납세의무자는 丙이다.

05 「지방세법」상 등록면허세에 관한 설명으로 틀린 것은? 2019년, 제30회 기출

① 부동산 등기에 대한 등록면허세의 납세지는 부동산 소재지이다.
② 등록을 하려는 자가 법정신고기한까지 등록면허세 산출세액을 신고하지 않은 경우로서 등록 전까지 그 산출세액을 납부한 때에도 「지방세기본법」에 따른 무신고가산세가 부과된다.
③ 등기 담당 공무원의 착오로 인한 지번의 오기에 대한 경정 등기에 대해서는 등록면허세를 부과하지 아니한다.
④ 채권금액으로 과세액을 정하는 경우에 일정한 채권금액이 없을 때에는 채권의 목적이 된 것의 가액 또는 처분의 제한의 목적이 된 금액을 그 채권금액으로 본다.
⑤ 「한국은행법」 및 「한국수출입은행법」에 따른 은행업을 영위하기 위하여 대도시에서 법인을 설립함에 따른 등기를 한 법인이 그 등기일부터 2년 이내에 업종 변경이나 업종 추가가 없는 때에는 등록면허세의 세율을 중과하지 아니한다.

Answer 3. ⑤ 4. ② 5. ②

06 「지방세법」상 등록면허세에 관한 설명으로 옳은 것은? 2020년, 제31회 기출

① 지방자치단체의 장은 등록면허세의 세율을 표준세율의 100분의 60의 범위에서 가감할 수 있다.

② 등록 당시에 감가상각의 사유로 가액이 달라진 경우 그 가액에 대한 증명여부에 관계없이 변경전 가액을 과세표준으로 한다.

③ 부동산 등록에 대한 신고가 없는 경우 취득 당시 시가표준액의 100분의 110을 과세표준으로 한다.

④ 지목이 묘지인 토지의 등록에 대하여 등록면허세를 부과한다.

⑤ 부동산 등기에 대한 등록면허세의 납세지는 부동산 소재지로 하며, 납세지가 분명하지 아니한 경우에는 등록관청 소재지로 한다.

07 거주자인 개인 乙은 甲이 소유한 부동산(시가 6억원)에 전세기간 2년, 전세보증금 3억원으로 하는 전세계약을 체결하고, 전세권 설정등기를 하였다. 지방세법상 등록면허세에 관한 설명으로 옳은 것은? 2021년, 제32회 기출

① 과세표준은 6억원이다.　② 표준세율은 전세보증금의 1천분의 8이다.

③ 납부세액은 6천원이다.　④ 납세의무자는 乙이다.

⑤ 납세지는 甲의 주소지이다.

08 「지방세법」상 등록에 대한 등록면허세에 관한 설명으로 틀린 것은? 2022년, 제33회 기출

① 채권금액으로 과세액을 정하는 경우에 일정한 채권금액이 없을 때에는 채권의 목적이 된 것의 가액 또는 처분의 제한의 목적이 된 금액을 그 채권금액으로 본다.

② 같은 채권의 담보를 위하여 설정하는 둘 이상의 저당권을 등록하는 경우에는 이를 하나의 등록으로 보아 그 등록에 관계되는 재산을 처음 등록하는 등록관청 소재지를 납세지로 한다.

③ 부동산 등기에 대한 등록면허세의 납세지가 분명하지 아니한 경우에는 등록관청 소재지를 납세지로 한다.

④ 지상권 등기의 경우에는 특별징수의무자가 징수할 세액을 납부기한까지 부족하게 납부하면 특별징수의무자에게 과소납부분 세액의 100분의 1을 가산세로 부과한다.

⑤ 지방자치단체의 장은 채권자대위자의 부동산의 등기에 대한 등록면허세 신고납부가 있는 경우 납세의무자에게 그 사실을 즉시 통보하여야 한다.

Answer　6. ⑤　7. ④　8. ④

09 지방세법령상 등록에 대한 등록면허세가 비과세되는 경우로 틀린 것은?

2023년, 제34회 기출 수정

① 지방자치단체조합이 자기를 위하여 받는 등록
② 무덤과 이에 접속된 부속시설물의 부지로 사용되는 토지로서 지적공부상 지목이 묘지인 토지에 관한 등기
③ 「채무자 회생 및 파산에 관한 법률」 제6조 제3항, 제25조 제1항부터 제3항까지, 제26조 제1항, 같은 조 제3항, 제27조, 제76조 제4항, 제362조 제3항, 제578조의5 제3항, 제578조의8 제3항 및 제578조의9 제3항에 따른 등기 또는 등록
④ 대한민국 정부기관의 등록에 대하여 과세하는 외국정부의 등록
⑤ 등기 담당 공무원의 착오로 인한 주소 등의 단순한 표시변경 등기

10 지방세법령상 등록에 대한 등록면허세에 관한 설명으로 틀린 것은? (단, 지방세관계법령상 감면 및 특례는 고려하지 않음)

2023년, 제34회 기출

① 같은 등록에 관계되는 재산이 둘 이상의 지방자치단체에 걸쳐 있어 등록면허세를 지방자치단체별로 부과할 수 없을 때에는 등록관청 소재지를 납세지로 한다.
② 지방자치단체의 장은 조례로 정하는 바에 따라 등록면허세의 세율을 부동산 등기에 따른 표준세율의 100분의 50의 범위에서 가감할 수 있다.
③ 주택의 토지와 건축물을 한꺼번에 평가하여 토지나 건축물에 대한 과세표준이 구분되지 아니하는 경우에는 한꺼번에 평가한 개별주택가격을 토지나 건축물의 가액비율로 나눈 금액을 각각 토지와 건축물의 과세표준으로 한다.
④ 부동산의 등록에 대한 등록면허세의 과세표준은 등록자가 신고한 당시의 가액으로 하고, 신고가 없거나 신고가액이 시가표준액보다 많은 경우에는 시가표준액으로 한다.
⑤ 채권자대위자는 납세의무자를 대위하여 부동산의 등기에 대한 등록면허세를 신고납부할 수 있다.

Answer 9. ④ 10. ④

01 「지방세법」상 취득세 및 등록면허세에 관한 설명으로 옳은 것은?   2016년, 제27회 기출 수정

① 취득세 과세물건을 취득한 후 중과세 세율 적용대상이 되었을 경우 60일 이내에 산출세액에서 이미 납부한 세액(가산세 포함)을 공제하여 신고·납부하여야 한다.

② 취득세 과세물건을 취득한 자가 재산권의 취득에 관한 사항을 등기하는 경우 등기한 후 30일 내에 취득세를 신고·납부하여야 한다.

③ 상속에 따른 건축물 무상취득의 경우에는 시가인정액을 취득당시가액으로 한다.

④ 부동산가압류에 대한 등록면허세의 세율은 부동산가액의 1천분의 2로 한다.

⑤ 등록하려는 자가 신고의무를 다하지 아니하고 등록면허세 산출세액을 등록하기 전까지(신고기한이 있는 경우 신고기한까지) 납부하였을 때에는 신고·납부한 것으로 본다.

02 「지방세법」상 취득세 또는 등록면허세의 신고·납부에 관한 설명으로 옳은 것은? (단, 비과세 및 「지방세특례제한법」은 고려하지 않음)   2020년, 제31회 기출

① 상속으로 취득세 과세물건을 취득한 자는 상속개시일로부터 6개월 이내에 과세표준과 세액을 신고·납부하여야 한다.

② 취득세 과세물건을 취득한 후 중과세 대상이 되었을 때에는 표준세율을 적용하여 산출한 세액에서 이미 납부한 세액(가산세 포함)을 공제한 금액을 세액으로 하여 신고·납부하여야 한다.

③ 지목변경으로 인한 취득세 납세의무자가 신고를 하지 아니하고 매각하는 경우 산출세액에 100분의 80을 가산한 금액을 세액으로 하여 징수한다.

④ 등록을 하려는 자가 등록면허세 신고의무를 다하지 않고 산출세액을 등록 전까지 납부한 경우 지방세기본법에 따른 무신고가산세를 부과한다.

⑤ 등기·등록관서의 장은 등기 또는 등록 후에 등록면허세가 납부되지 아니하였거나 납부 부족액을 발견한 경우에는 다음 달 10일까지 납세지를 관할하는 시장·군수·구청장에게 통보하여야 한다.

Answer   1. ⑤   2. ⑤

재산세

재산세

01 「지방세법」상 재산세 과세대상의 구분에 있어 주거용과 주거 외의 용도를 겸하는 건물 등에 관한 설명으로 옳은 것을 모두 고른 것은?　　　　　　　　　　　　　2022년, 제33회 기출

> ⊙ 1동(棟)의 건물이 주거와 주거 외의 용도로 사용되고 있는 경우에는 주거용으로 사용되는 부분만을 주택으로 본다.
> ⓛ 1구(構)의 건물이 주거와 주거 외의 용도로 사용되고 있는 경우 주거용으로 사용되는 면적이 전체의 100분의 60인 경우에는 주택으로 본다.
> ⓒ 주택의 부속토지의 경계가 명백하지 아니한 경우에는 그 주택의 바닥면적의 10배에 해당하는 토지를 주택의 부속토지로 한다.

① ⊙　　　　　　　　② ⓒ　　　　　　　　③ ⊙, ⓛ
④ ⓛ, ⓒ　　　　　　　⑤ ⊙, ⓛ, ⓒ

01 「지방세법」상 재산세 종합합산과세대상 토지는?　　　　　2018년, 제29회 기출 수정

① 「문화유산의 보존 및 활용에 관한 법률」에 따른 지정문화유산 안의 임야

② 국가가 국방상의 목적 외에는 그 사용 및 처분 등을 제한하는 공장 구내의 토지

③ 「건축법」 등 관계 법령에 따라 허가 등을 받아야 할 건축물로서 허가 등을 받지 아니한 공장용 건축물의 부속토지

④ 「자연공원법」에 따라 지정된 공원자연환경지구의 임야

⑤ 「개발제한구역의 지정 및 관리에 관한 특별조치법」에 따른 개발제한구역의 임야(1989년 12월 31일 이전부터 소유)

Answer　　1. ③

최근 10개년 기출문제 | **재산세 세율**

01 「지방세법」상 다음의 재산세 과세표준에 적용되는 표준세율 중 가장 낮은 것은?

2016년, 제27회 기출

① 과세표준 5천만원인 종합합산과세대상 토지
② 과세표준 2억원인 별도합산과세대상 토지
③ 과세표준 20억원인 분리과세대상 목장용지
④ 과세표준 6천만원인 주택(법령으로 정하는 1세대 1주택 아님)
⑤ 과세표준 10억원인 분리과세대상 공장용지

02 「지방세법」상 재산세 과세대상에 대한 표준세율 적용에 관한 설명으로 틀린 것은?

2016년, 제27회 기출

① 납세의무자가 해당 지방자치단체 관할구역에 소유하고 있는 종합합산과세대상 토지의 가액을 모두 합한 금액을 과세표준으로 하여 종합합산과세대상의 세율을 적용한다.
② 납세의무자가 해당 지방자치단체 관할구역에 소유하고 있는 별도합산과세대상 토지의 가액을 모두 합한 금액을 과세표준으로 하여 별도합산과세대상의 세율을 적용한다.
③ 분리과세대상이 되는 해당 토지의 가액을 과세표준으로 하여 분리과세대상의 세율을 적용한다.
④ 납세의무자가 해당 지방자치단체 관할구역에 2개 이상의 주택을 소유하고 있는 경우 그 주택의 가액을 모두 합한 금액을 과세표준으로 하여 주택의 세율을 적용한다.
⑤ 주택에 대한 토지와 건물의 소유자가 다를 경우 해당 주택의 토지와 건물의 가액을 합산한 과세표준에 주택의 세율을 적용한다.

03 「지방세법」상 재산세 표준세율이 초과누진세율로 되어 있는 재산세 과세대상을 모두 고른 것은?

2019년, 제30회 기출

㉠ 별도합산과세대상 토지
㉡ 분리과세대상 토지
㉢ 광역시(군 지역은 제외) 지역에서 「국토의 계획 및 이용에 관한 법률」과 그 밖의 관계 법령에 따라 지정된 주거지역의 대통령령으로 정하는 공장용 건축물
㉣ 주택(법령으로 정하는 1세대 1주택 아님)

① ㉠, ㉡　　② ㉠, ㉢　　③ ㉠, ㉣
④ ㉡, ㉢　　⑤ ㉢, ㉣

Answer 　1. ③　2. ④　3. ③

04 「지방세법」상 다음에 적용되는 재산세의 표준세율이 가장 높은 것은? (단, 재산세 도시지역분은 제외하고, 지방세관계법에 의한 특례는 고려하지 않음) 2021년, 제32회 기출

① 과세표준이 5천만원인 종합합산과세대상 토지

② 과세표준이 2억원인 별도합산과세대상 토지

③ 과세표준이 1억원인 광역시의 군지역에서 「농지법」에 따른 농업법인이 소유하는 농지로서 과세기준일 현재 실제 영농에 사용되고 있는 농지

④ 과세표준이 5억원인 「수도권정비계획법」에 따른 과밀억제권역 외의 읍·면 지역의 공장용 건축물

⑤ 과세표준이 1억 5천만원인 주택(법령으로 정하는 1세대 1주택 아님)

05 지방세법령상 재산세의 표준세율에 관한 설명으로 틀린 것은? (단, 지방세관계법령상 감면 및 특례는 고려하지 않음) 2023년, 제34회 기출

① 법령에서 정하는 고급선박 및 고급오락장용 건축물의 경우 고급선박의 표준세율이 고급오락장용 건축물의 표준세율보다 높다.

② 특별시 지역에서 「국토의 계획 및 이용에 관한 법률」과 그 밖의 관계 법령에 따라 지정된 주거지역 및 해당 지방자치단체의 조례로 정하는 지역의 대통령령으로 정하는 공장용 건축물의 표준세율은 과세표준의 1천분의 5이다.

③ 주택(법령으로 정하는 1세대 1주택 아님)의 경우 표준세율은 최저 1천분의 1에서 최고 1천분의 4까지 4단계 초과누진세율로 적용한다.

④ 항공기의 표준세율은 1천분의 3으로 법령에서 정하는 고급선박을 제외한 그 밖의 선박의 표준세율과 동일하다.

⑤ 지방자치단체의 장은 특별한 재정수요나 재해 등의 발생으로 재산세의 세율 조정이 불가피하다고 인정되는 경우 조례로 정하는 바에 따라 표준세율의 100분의 50의 범위에서 가감할 수 있다. 다만, 가감한 세율은 해당 연도를 포함하여 3년간 적용한다.

Answer   4. ④   5. ⑤

01 「지방세법」상 재산세의 과세표준과 세율에 관한 설명으로 틀린 것은? 2015년, 제26회 기출 수정

① 주택에 대한 과세표준은 주택 시가표준액에 100분의 60의 공정시장가액비율을 곱하여 산정한다.

② 주택이 아닌 건축물에 대한 과세표준은 건축물 시가표준액에 100분의 70의 공정시장가액비율을 곱하여 산정한다.

③ 토지에 대한 과세표준은 사실상 취득가격이 증명되는 때에는 장부가액으로 한다.

④ 법령이 정한 고급오락장용 토지의 표준세율은 1천분의 40이다.

⑤ 주택에 대한 재산세는 주택별로 표준세율을 적용한다.

02 「지방세법」상 재산세의 과세표준과 세율에 관한 설명으로 옳은 것을 모두 고른 것은? (단, 법령에 따른 재산세의 경감은 고려하지 않음) 2020년, 제31회 기출

> ⊙ 지방자치단체의 장은 조례로 정하는 바에 따라 표준세율의 100분의 50의 범위에서 가감할 수 있으며, 가감한 세율은 해당 연도부터 3년간 적용한다.
> ⓛ 법령이 정한 고급오락장용 토지의 표준세율은 1천분의 40이다.
> ⓒ 주택의 과세표준은 법령에 따른 시가표준액에 공정시장가액비율(시가표준액의 100분의 60)을 곱하여 산정한 가액으로 한다(법령으로 정하는 1세대 1주택 아님).

① ⊙   ② ⓒ   ③ ⊙, ⓛ

④ ⓛ, ⓒ   ⑤ ⊙, ⓛ, ⓒ

최근 10개년 기출문제 | **재산세 납세의무자**

01 「지방세법」상 2025년 재산세 과세기준일 현재 납세의무자가 아닌 것을 모두 고른 것은?

2015년, 제26회 기출

> ㉠ 5월 31일에 재산세 과세대상 재산의 매매잔금을 수령하고 소유권이전등기를 한 매도인
> ㉡ 공유물 분할등기가 이루어지지 아니한 공유토지의 지분권자
> ㉢ 신탁법에 따라 위탁자별로 구분되어 수탁자 명의로 등기·등록된 신탁재산의 수탁자
> ㉣ 도시환경정비사업시행에 따른 환지계획에서 일정한 토지를 환지로 정하지 아니하고 체비지로 정한 경우 종전 토지소유자

① ㉠, ㉢   ② ㉡, ㉣   ③ ㉠, ㉡, ㉣
④ ㉠, ㉢, ㉣   ⑤ ㉡, ㉢, ㉣

02 「지방세법」상 재산세의 과세기준일 현재 납세의무자에 관한 설명으로 틀린 것은?

2017년, 제28회 기출

① 공유재산인 경우 그 지분에 해당하는 부분(지분의 표시가 없는 경우에는 지분이 균등한 것으로 봄)에 대해서는 그 지분권자를 납세의무자로 본다.
② 소유권의 귀속이 분명하지 아니하여 사실상의 소유자를 확인할 수 없는 경우에는 그 사용자가 납부할 의무가 있다.
③ 지방자치단체와 재산세 과세대상 재산을 연부로 매매계약을 체결하고 그 재산의 사용권을 무상으로 받은 경우에는 그 매수계약자를 납세의무자로 본다.
④ 공부상에 개인 등의 명의로 등재되어 있는 사실상의 종중재산으로서 종중소유임을 신고하지 아니하였을 때에는 공부상 소유자를 납세의무자로 본다.
⑤ 상속이 개시된 재산으로서 상속등기가 이행되지 아니하고 사실상의 소유자를 신고하지 아니하였을 때에는 공동상속인 각자가 받았거나 받을 재산에 따라 납부할 의무를 진다.

Answer   1. ④   2. ⑤

03 「지방세법」상 재산세의 과세대상 및 납세의무자에 관한 설명으로 옳은 것은? (단, 비과세는 고려하지 않음) 2020년, 제31회 기출 수정

① 「신탁법」 제2조에 따른 수탁자의 명의로 등기 또는 등록된 신탁재산의 경우 위탁자(「주택법」 제2조 제11호 가목에 따른 지역주택조합 및 같은 호 나목에 따른 직장주택조합이 조합원이 납부한 금전으로 매수하여 소유하고 있는 신탁재산의 경우에는 해당 지역주택조합 및 직장주택조합을 말한다)는 재산세를 납부할 의무가 있다.

② 토지와 주택에 대한 재산세 과세대상은 종합합산과세대상, 별도합산과세대상 및 분리과세대상으로 구분한다.

③ 국가가 선수금을 받아 조성하는 매매용 토지로서 사실상 조성이 완료된 토지의 사용권을 무상으로 받은 자는 재산세를 납부할 의무가 없다.

④ 주택 부속토지의 경계가 명백하지 아니한 경우 그 주택의 바닥면적의 20배에 해당하는 토지를 주택의 부속토지로 한다.

⑤ 재산세 과세대상인 건축물의 범위에는 주택을 포함한다.

04 지방세법령상 재산세 과세기준일 현재 납세의무자로 틀린 것은? 2024년, 제35회 기출

① 공부상에 개인 등의 명의로 등재되어 있는 사실상의 종중재산으로서 종중소유임을 신고하지 아니하였을 경우: 종중

② 상속이 개시된 재산으로서 상속등기가 이행되지 아니하고 사실상의 소유자를 신고하지 아니하였을 경우: 행정안전부령으로 정하는 주된 상속자

③ 「도시 및 주거환경정비법」에 따른 정비사업(재개발사업만 해당한다)의 시행에 따른 환지계획에서 일정한 토지를 환지로 정하지 아니하고 체비지로 정한 경우: 사업시행자

④ 「채무자 희생 및 파산에 관한 법률」에 따른 파산선고 이후 파산종결의 결정까지 파산재단에 속하는 재산의 경우: 공부상 소유자

⑤ 지방자치단체와 재산세 과세대상 재산을 연부(年賦)로 매매계약을 체결하고 그 재산의 사용권을 무상으로 받은 경우: 그 매수계약자

Answer   3. ①   4. ①

최근 10개년 기출문제 | **재산세 부과 · 징수**

01 「**지방세법**」상 재산세 부과 · 징수에 관한 설명으로 틀린 것은? 2015년, 제26회 기출

① 해당 연도에 주택에 부과할 세액이 100만원인 경우 납기를 7월 16일부터 7월 31일까지로 하여 한꺼번에 부과 · 징수한다.

② 재산세를 징수하려면 토지, 건축물, 주택, 선박 및 항공기로 각각 구분된 납세고지서에 과세표준과 세액을 적어 늦어도 납기개시 5일 전까지 발급하여야 한다.

③ 토지에 대한 재산세는 납세의무자별로 한 장의 납세고지서로 발급하여야 한다.

④ 재산세는 관할 지방자치단체의 장이 세액을 산정하여 보통징수의 방법으로 부과 · 징수한다.

⑤ 고지서 1장당 징수할 세액이 2천원 미만인 경우에는 해당 재산세를 징수하지 아니한다.

02 「**지방세법**」상 재산세의 물납에 관한 설명으로 틀린 것은? 2017년, 제28회 기출

① 「지방세법」상 물납의 신청 및 허가 요건을 충족하고 재산세(재산세 도시지역분 포함)의 납부세액이 1천만원을 초과하는 경우 물납이 가능하다.

② 서울특별시 강남구와 경기도 성남시에 부동산을 소유하고 있는 자의 성남시 소재 부동산에 대하여 부과된 재산세의 물납은 성남시 내에 소재하는 부동산만 가능하다.

③ 물납허가를 받는 부동산을 행정안전부령으로 정하는 바에 따라 물납하였을 때에는 납부기한 내에 납부한 것으로 본다.

④ 물납하려는 자는 행정안전부령으로 정하는 서류를 갖추어 그 납부기한 10일 전까지 납세지를 관할하는 시장 · 군수 · 구청장에게 신청하여야 한다.

⑤ 물납 신청 후 불허가 통지를 받은 경우에 해당 시 · 군 · 구의 다른 부동산으로의 변경신청은 허용되지 않으며 금전으로만 납부하여야 한다.

Answer 1. ① 2. ⑤

03 「지방세법」상 2025년도 귀속 재산의 부과·징수에 관한 설명으로 틀린 것은? (단, 세액변경이나 수시부과사유는 없음) 2018년, 제29회 기출

① 토지분 재산세 납기는 매년 9월 16일부터 9월 30일까지이다.

② 선박분 재산세 납기는 매년 7월 16일부터 7월 31일까지이다.

③ 재산세를 징수하려면 재산세 납세고지서를 납기개시 5일 전까지 발급하여야 한다.

④ 주택분 재산세로서 해당 연도에 부과할 세액이 20만원 이하인 경우 9월 30일 납기로 한꺼번에 부과·징수한다.

⑤ 재산세를 물납하려는 자는 납부기한 10일 전까지 납세지를 관할하는 시장·군수·구청장에게 물납을 신청하여야 한다.

04 「지방세법」상 재산세의 부과·징수에 관한 설명으로 옳은 것은 모두 몇 개인가? (단, 비과세는 고려하지 않음) 2020년, 제31회 기출

> ㉠ 재산세의 과세기준일은 매년 6월 1일로 한다.
> ㉡ 토지의 재산세 납기는 매년 7월 16일부터 7월 31일까지이다.
> ㉢ 지방자치단체의 장은 재산세의 납부할 세액이 500만원 이하인 경우 250만원을 초과하는 금액은 납부기한이 지난 날부터 3개월 이내 분할납부하게 할 수 있다.
> ㉣ 재산세는 관할지방자치단체의 장이 세액을 산정하여 특별징수의 방법으로 부과·징수한다.

① 0개   ② 1개   ③ 2개
④ 3개   ⑤ 4개

05 지방세법령상 재산세의 부과·징수에 관한 설명으로 틀린 것은? 2023년, 제34회 기출

① 주택에 대한 재산세의 경우 해당 연도에 부과·징수할 세액의 2분의 1은 매년 7월 16일부터 7월 31일까지, 나머지 2분의 1은 9월 16일부터 9월 30일까지를 납기로 한다. 다만, 해당 연도에 부과할 세액이 20만원 이하인 경우에는 조례로 정하는 바에 따라 납기를 9월 16일부터 9월 30일까지로 하여 한꺼번에 부과·징수할 수 있다.

② 재산세는 관할 지방자치단체의 장이 세액을 산정하여 보통징수의 방법으로 부과·징수한다.

③ 재산세를 징수하려면 토지, 건축물, 주택, 선박 및 항공기로 구분한 납세고지서에 과세표준과 세액을 적어 늦어도 납기개시 5일 전까지 발급하여야 한다.

④ 재산세의 과세기준일은 매년 6월 1일로 한다.

⑤ 고지서 1장당 재산세로 징수할 세액이 2천원 미만인 경우에는 해당 재산세를 징수하지 아니한다.

06 지방세법령상 재산세의 물납에 관한 설명으로 옳은 것을 모두 고른 것은? 2024년, 제35회 기출

> ㉠ 지방자치단체의 장은 재산세의 납부세액이 1천만원을 초과하는 경우에는 납세의무자의 신청을 받아 해당 지방자치단체의 관할구역에 있는 부동산에 대하여만 대통령령으로 정하는 바에 따라 물납을 허가할 수 있다.
>
> ㉡ 시장·군수·구청장은 법령에 따라 불허가 통지를 받은 납세의무자가 그 통지를 받은 날부터 10일 이내에 해당 시·군·구의 관할구역에 있는 부동산으로서 관리·처분이 가능한 다른 부동산으로 변경 신청하는 경우에는 변경하여 허가할 수 있다.
>
> ㉢ 물납을 허가하는 부동산의 가액은 물납 허가일 현재의 시가로 한다.

① ㉠   ② ㉢   ③ ㉠, ㉡
④ ㉡, ㉢   ⑤ ㉠, ㉡, ㉢

01 「지방세법」상 재산세의 비과세 대상이 아닌 것은? (단, 아래의 답항별로 주어진 자료 외의 비과세요건은 충족된 것으로 가정함) 　　　　　　　　　　　　　　　　　　2017년, 제28회 기출

① 임시로 사용하기 위하여 건축된 건축물로서 재산세 과세기준일 현재 1년 미만의 것

② 재산세를 부과하는 해당 연도에 철거하기로 계획이 확정되어 재산세 과세기준일 현재 행정관청으로부터 철거명령을 받은 주택과 그 부속토지인 대지

③ 농업용 구거와 자연유수의 배수처리에 제공하는 구거

④ 「군사기지 및 군사시설 보호법」에 따른 군사기지 및 군사시설 보호구역 중 통제보호구역에 있는 토지(전·답·과수원 및 대지는 제외)

⑤ 「도로법」에 따른 도로와 그밖에 일반인의 자유로운 통행을 위하여 제공할 목적으로 개설한 사설도로(「건축법 시행령」 제80조의 2에 따른 대지 안의 공지는 제외)

02 「지방세법」상 재산세 비과세 대상에 해당하는 것은? (단, 주어진 조건 외에는 고려하지 않음) 　　　　　　　　　　　　　　　　　　2019년, 제30회 기출

① 지방자치단체가 1년 이상 공용으로 사용하는 재산으로서 유료로 사용하는 재산

② 「한국농어촌공사 및 농지관리기금법」에 따라 설립된 한국농어촌공사가 같은 법에 따라 농가에 공급하기 위하여 소유하는 농지

③ 「공간정보의 구축 및 관리 등에 관한 법률」에 따른 제방으로서 특정인이 전용하는 제방

④ 「군사기지 및 군사시설 보호법」에 따른 군사기지 및 군사시설 보호구역 중 통제보호구역에 있는 전·답

⑤ 「산림자원의 조성 및 관리에 관한 법률」에 따라 지정된 채종림·시험림

Answer　　1. ② 　 2. ⑤

최근 10개년 기출문제 | **재산세 종합문제**

01 「지방세법」상 재산세에 관한 설명으로 옳은 것은? 2016년, 제27회 기출 수정

① 과세기준일은 매년 7월 1일이다.

② 주택의 정기분 납부세액이 50만원인 경우 세액의 2분의 1은 7월 16일부터 7월 31일까지, 나머지는 10월 16일부터 10월 31일까지를 납기로 한다.

③ 토지의 정기분 납부세액이 9만원인 경우 조례에 따라 납기를 7월 16일부터 7월 31일까지로 하여 한꺼번에 부과·징수할 수 있다.

④ 과세기준일 현재 공부상의 소유자가 매매로 소유권이 변동되었는데도 신고하지 아니하여 사실상의 소유자를 알 수 없는 경우 그 공부상의 소유자가 아닌 사용자에게 재산세 납부의무가 있다.

⑤ 지방자치단체의 장은 재산세의 납부세액이 250만원을 초과하는 경우 법령에 따라 납부할 세액의 일부를 납부기한이 지난 날부터 3개월 이내에 분납하게 할 수 있다.

02 「지방세법」상 재산세에 관한 설명으로 옳은 것은? 2019년, 제30회 기출

① 건축물에 대한 재산세의 납기는 매년 9월 16일에서 9월 30일이다.

② 재산세의 과세대상 물건이 공부상 등재 현황과 사실상의 현황이 다른 경우에는 공부상 등재 현황에 따라 재산세를 부과한다.

③ 주택에 대한 재산세는 납세의무자별로 해당 지방자치단체의 관할구역에 있는 주택의 과세표준을 합산하여 주택의 세율을 적용한다.

④ 지방자치단체의 장은 재산세의 납부세액(재산세 도시지역분 포함)이 1천만원을 초과하는 경우에는 납세의무자의 신청을 받아 해당 지방자치단체의 관할구역에 있는 부동산에 대하여만 대통령령으로 정하는 바에 따라 물납을 허가할 수 있다.

⑤ 주택(법령으로 정하는 1세대 1주택 아님)에 대한 재산세의 과세표준은 시가표준액의 100분의 70으로 한다.

Answer 1. ⑤ 2. ④

03 「지방세법」상 재산세에 관한 설명으로 틀린 것은? (단, 주어진 조건 외에는 고려하지 않음)

2021년, 제32회 기출 수정

① 토지에 대한 재산세의 과세표준은 시가표준액에 공정시장가액비율(100분의 70)을 곱하여 산정한 가액으로 한다.
② 지방자치단체가 1년 이상 공용으로 사용하는 재산으로서 유료로 사용하는 경우에는 재산세를 부과한다.
③ 재산세 물납신청을 받은 시장·군수·구청장이 물납을 허가하는 경우 물납을 허가하는 부동산의 가액은 물납허가일 현재의 시가로 한다.
④ 주택의 토지와 건물 소유자가 다를 경우 해당 주택에 대한 세율을 적용할 때 해당 주택의 토지와 건물의 가액을 합산한 과세표준에 주택의 세율을 적용한다.
⑤ 재산세를 징수하려면 토지, 건축물, 주택, 선박 및 항공기로 구분한 납세고지서에 과세표준과 세액을 적어 늦어도 납기개시 5일 전까지 발급하여야 한다.

04 「지방세법」상 재산세에 관한 설명으로 틀린 것은? (단, 주어진 조건 외에는 고려하지 않음)

2022년, 제33회 기출

① 재산세 과세기준일 현재 공부상에 개인 등의 명의로 등재되어 있는 사실상의 종중재산으로서 종중소유임을 신고하지 아니하였을 때에는 공부상 소유자는 재산세를 납부할 의무가 있다.
② 지방자치단체가 1년 이상 공용으로 사용하는 재산에 대하여는 소유권의 유상이전을 약정한 경우로서 그 재산을 취득하기 전에 미리 사용하는 경우 재산세를 부과하지 아니한다.
③ 재산세 과세기준일 현재 소유권의 귀속이 분명하지 아니하여 사실상의 소유자를 확인할 수 없는 경우에는 그 사용자가 재산세를 납부할 의무가 있다.
④ 재산세의 납기는 토지의 경우 매년 9월 16일부터 9월 30일까지이며, 건축물의 경우 매년 7월 16일부터 7월 31일까지이다.
⑤ 재산세의 납기에도 불구하고 지방자치단체의 장은 과세대상 누락, 위법 또는 착오 등으로 인하여 이미 부과한 세액을 변경하거나 수시부과하여야 할 사유가 발생하면 수시로 부과·징수할 수 있다.

Answer 3. ③ 4. ②

05 지방세법령상 재산세에 관한 설명으로 옳은 것은? (단, 주어진 조건 외에는 고려하지 않음)

2024년, 제35회 기출

① 특별시 지역에서 「국토의 계획 및 이용에 관한 법률」에 따라 지정된 주거지역의 대통령령으로 정하는 공장용 건축물의 표준세율은 초과누진세율이다.

② 수탁자 명의로 등기 · 등록된 신탁재산의 수탁자는 과세기준일부터 15일 이내에 그 소재지를 관할하는 지방자치단체의 장에게 그 사실을 알 수 있는 증거자료를 갖추어 신고하여야 한다.

③ 주택의 토지와 건물 소유자가 다를 경우 해당 주택에 대한 세율을 적용할 때 해당 주택의 토지와 건물의 가액을 소유자별로 구분계산한 과세표준에 세율을 적용한다.

④ 주택의 재산세로서 해당 연도에 부과할 세액이 20만원 이하인 경우에는 납기를 9월 16일부터 9월 30일까지로 하여 한꺼번에 부과 · 징수할 수 있다.

⑤ 지방자치단체의 장은 과세대상의 누락으로 이미 부과한 재산세액을 변경하여야 할 사유가 발생하여도 수시로 부과 · 징수할 수 없다.

Answer 5. ②

01 거주자 甲은 A주택을 3년간 소유하며 직접 거주하고 있다. 甲이 A주택에 대하여 납부하게 되는 2025년 귀속 재산세와 종합부동산세에 관한 설명으로 틀린 것은? (단, 甲은 종합부동산세법상 납세의무자로서 만 61세이며 1세대 1주택자라 가정함) 2018년, 제29회 기출 수정

① 재산세 및 종합부동산세의 과세기준일은 매년 6월 1일이다.

② 甲의 고령자 세액공제액은 「종합부동산세법」에 따라 산출된 세액에 100분의 20을 곱한 금액으로 한다.

③ 종합부동산세 납부세액이 350만원인 경우, 100만원은 납부기한이 지난 날부터 6개월 이내에 분납할 수 있다.

④ 재산세 산출세액은 「지방세법」령에 따라 계산한 직전 연도 해당 재산에 대한 재산세액 상당액의 100분의 150에 해당하는 금액을 한도로 한다.

⑤ 만약 甲이 A주택을 「신탁법」에 따라 수탁자 명의로 신탁등기하게 하는 경우 위탁자를 재산세 납세의무자로 본다.

02 거주자인 개인 甲은 국내에 주택 2채(다가구주택 아님) 및 상가건물 1채를 각각 보유하고 있다. 甲의 2025년 귀속 재산세 및 종합부동산세에 관한 설명으로 틀린 것은? (단, 甲의 주택은 종합부동산세법상 합산배제주택에 해당하지 아니하며, 지방세관계법상 재산세 특례 및 감면은 없음) 2021년, 제32회 기출 수정

① 甲의 주택에 대한 재산세는 주택별로 표준세율을 적용한다.

② 甲의 상가건물에 대한 재산세는 시가표준액에 법령이 정하는 공정시장가액비율을 곱하여 산정한 가액을 과세표준으로 하여 비례세율을 과세한다.

③ 甲의 주택분 종합부동산세액의 결정세액은 주택분 종합부동산세액에서 '(주택의 공시가격 합산액 − 9억원) × 종합부동산세 공정시장가액비율 × 재산세 표준세율'의 산식에 따라 산정한 재산세액을 공제하여 계산한다.

④ 甲의 상가건물에 대해서는 종합부동산세를 과세하지 아니한다.

⑤ 甲의 주택에 대한 종합부동산세는 甲이 보유한 주택의 공시가격을 합산한 금액에서 9억원을 공제한 금액에 공정시장가액비율을 곱한 금액(영보다 작은 경우는 영)을 과세표준으로 하여 누진세율로 과세한다.

Answer 1. ④ 2. ③

MEMO

종합부동산세

종합부동산세 과세대상

01 종합부동산세의 과세기준일 현재 과세대상자산이 아닌 것을 모두 고른 것은? (단, 주어진 조건 외에는 고려하지 않음)   2015년, 제26회 기출

> ㉠ 여객자동차운송사업 면허를 받은 자가 그 면허에 따라 사용하는 차고용 토지(자동차운송사업의 최저보유차고면적기준의 1.5배에 해당하는 면적 이내의 토지)의 공시가격이 100억원인 경우
> ㉡ 국내에 있는 부부공동명의(지분비율이 동일함)로 된 1세대 1주택의 공시가격이 10억원인 경우
> ㉢ 공장용 건축물
> ㉣ 회원제 골프장용 토지(회원제 골프장업의 등록시 구분등록의 대상이 되는 토지)의 공시가격이 100억원인 경우

① ㉠, ㉡   ② ㉢, ㉣   ③ ㉠, ㉡, ㉢
④ ㉠, ㉢, ㉣   ⑤ ㉡, ㉢, ㉣

01 「종합부동산세법」상 납세의무 성립시기가 2025년인 종합부동산세에 관한 설명으로 옳은 것은? 2016년, 제27회 기출 수정

① 과세기준일 현재 주택의 공시가격을 합산한 금액이 5억원인 자는 납세의무가 있다.

② 과세기준일은 7월 1일이다.

③ 납세의무자가 2주택 이하를 소유한 경우 주택에 대한 과세표준이 3억원인 경우 적용될 세율은 1천분의 3이다.

④ 관할세무서장은 납부하여야 할 세액이 1천만원을 초과하면 물납을 허가할 수 있다.

⑤ 관할세무서장은 종합부동산세를 징수하려면 납부고지서에 주택 및 토지로 구분한 과세표준과 세액을 기재하여 납부기간 개시 5일 전까지 발급하여야 한다.

02 종합부동산세에 관한 설명으로 틀린 것은? 2017년, 제28회 기출

① 종합부동산세는 부과·징수가 원칙이며 납세의무자의 선택에 의하여 신고납부도 가능하다.

② 관할세무서장은 종합부동산세를 징수하려면 납부고지서에 주택 및 토지로 구분한 과세표준과 세액을 기재하여 납부기간 개시 5일 전까지 발급하여야 한다.

③ 주택에 대한 세부담 상한의 기준이 되는 직전 연도에 해당 주택에 부과된 주택에 대한 총세액상당액은 납세의무자가 해당 연도의 과세표준합산주택을 직전 연도 과세기준일에 실제로 소유하였는지의 여부를 불문하고 직전 연도 과세기준일 현재 소유한 것으로 보아 계산한다.

④ 주택분 종합부동산세액에서 공제되는 재산세액은 재산세 표준세율의 100분의 50의 범위에서 가감된 세율이 적용된 경우에는 그 세율이 적용되기 전의 세액으로 하고, 재산세 세부담 상한을 적용받은 경우에는 그 상한을 적용받기 전의 세액으로 한다.

⑤ 과세기준일 현재 토지분 재산세의 납세의무자로서 국내에 소재하는 별도합산과세대상 토지의 공시가격을 합한 금액이 80억원을 초과하는 자는 토지에 대한 종합부동산세의 납세의무자이다.

Answer 1. ⑤ 2. ④

03 2025년 귀속 종합부동산세에 관한 설명으로 틀린 것은? 　　2018년, 제29회 기출

① 과세대상 토지가 매매로 유상이전 되는 경우로서 매매계약서 작성일이 2025년 6월 1일이고, 잔금지급 및 소유권이전등기일이 2025년 6월 29일인 경우, 종합부동산세의 납세의무자는 매도인이다.

② 납세의무자가 국내에 주소를 두고 있는 개인의 경우 납세지는 주소지이다.

③ 납세자에게 부정행위가 없으며 특례제척기간에 해당하지 않는 경우, 원칙적으로 납세의무 성립일부터 5년이 지나면 종합부동산세를 부과할 수 없다.

④ 납세의무자는 선택에 따라 신고·납부할 수 있으나, 신고를 함에 있어 납부세액을 과소하게 신고한 경우라도 과소신고가산세가 적용되지 않는다.

⑤ 종합부동산세는 물납이 허용되지 않는다.

04 2025년 귀속 종합부동산세에 관한 설명으로 틀린 것은?　　2019년, 제30회 기출

① 과세기준일 현재 토지분 재산세 납세의무자로서 「자연공원법」에 따라 지정된 공원자연환경지구의 임야를 소유하는 자는 토지에 대한 종합부동산세를 납부할 의무가 있다.

② 주택분 종합부동산세 납세의무자가 1세대 1주택자에 해당하는 경우의 주택분 종합부동산세액 계산시 연령에 따른 세액공제와 보유기간에 따른 세액공제는 공제율 합계 100분의 80의 범위에서 중복하여 적용할 수 있다.

③ 「근현대문화유산의 보존 및 활용에 관한 법률」에 따른 등록문화유산에 해당하는 주택은 과세표준 합산의 대상이 되는 주택의 범위에 포함되지 않는 것으로 본다.

④ 관할세무서장은 종합부동산세로 납부하여야 할 세액이 400만원인 경우 최대 150만원의 세액을 납부기한이 경과한 날부터 6개월 이내에 분납하게 할 수 있다.

⑤ 주택분 종합부동산세액을 계산할 때 1주택을 여러 사람이 공동으로 매수하여 소유한 경우 공동 소유자 각자가 그 주택을 소유한 것으로 본다.

05 「종합부동산세법」상 종합부동산세에 관한 설명으로 틀린 것은? (단, 감면 및 비과세와 「지방세특례제한법」 또는 「조세특례제한법」은 고려하지 않음)   2020년, 제31회 기출

① 종합부동산세의 과세기준일은 매년 6월 1일로 한다.

② 종합부동산세의 납세의무자가 비거주자인 개인으로서 국내사업장이 없고 국내원천소득이 발생하지 아니하는 1주택을 소유한 경우 그 주택 소재지를 납세지로 정한다.

③ 과세기준일 현재 토지분 재산세의 납세의무자로서 국내에 소재하는 종합합산과세대상 토지의 공시가격을 합한 금액이 5억원을 초과하는 자는 해당 토지에 대한 종합부동산세를 납부할 의무가 있다.

④ 종합합산과세대상 토지의 재산세로 부과된 세액이 세부담상한을 적용받는 경우 그 상한을 적용받기 전의 세액을 종합합산과세대상 토지분 종합부동산세액에서 공제한다.

⑤ 관할세무서장은 종합부동산세를 징수하려면 납부고지서에 주택 및 토지로 구분한 과세표준과 세액을 기재하여 납부기간 개시 5일 전까지 발급하여야 한다.

06 「종합부동산세법」상 1세대 1주택자에 관한 설명으로 옳은 것은?   2021년, 제32회 기출

① 과세기준일 현재 세대원 중 1인과 그 배우자만이 공동으로 1주택을 소유하고 해당 세대원 및 다른 세대원이 다른 주택을 소유하지 아니한 경우 신청하지 않더라도 공동명의 1주택자를 해당 1주택에 대한 납세의무자로 한다.

② 합산배제 신고한 「근현대문화유산의 보존 및 활용에 관한 법률」에 따른 등록문화유산에 해당하는 주택은 1세대가 소유한 주택 수에서 제외한다.

③ 1세대가 일반 주택과 합산배제 신고한 임대주택을 각각 1채씩 소유한 경우 해당 일반 주택에 그 주택소유자가 실제 거주하지 않더라도 1세대 1주택자에 해당한다.

④ 1세대 1주택자는 주택의 공시가격을 합산한 금액에서 6억원을 공제한 금액에서 다시 3억원을 공제한 금액에 공정시장가액비율을 곱한 금액을 과세표준으로 한다.

⑤ 1세대 1주택자에 대하여는 주택분 종합부동산세 산출세액에서 소유자의 연령과 주택 보유기간에 따른 공제액을 공제율 합계 100분의 70의 범위에서 중복하여 공제한다.

Answer   5. ④   6. ②

07 2025년 귀속 토지분 종합부동산세에 관한 설명으로 옳은 것은? (단, 감면과 비과세와 지방세 특례제한법 또는 조세특례제한법은 고려하지 않음) 2021년, 제32회 기출

① 재산세 과세대상 중 분리과세대상 토지는 종합부동산세 과세대상이다.

② 종합부동산세의 분납은 허용되지 않는다.

③ 종합부동산세의 물납은 허용되지 않는다.

④ 납세자에게 부정행위가 없으며 특례제척기간에 해당하지 않는 경우 원칙적으로 납세의무 성립일부터 3년이 지나면 종합부동산세를 부과할 수 없다.

⑤ 별도합산과세대상인 토지의 재산세로 부과된 세액이 세부담 상한을 적용받는 경우 그 상한을 적용받기 전의 세액을 별도합산과세대상 토지분 종합부동산세액에서 공제한다.

08 「종합부동산세법」상 주택에 대한 과세 및 납세지에 관한 설명으로 옳은 것은?
2022년, 제33회 기출

① 납세의무자가 법인이며 3주택 이상을 소유한 경우 소유한 주택 수에 따라 과세표준에 1.2%~6%의 세율을 적용하여 계산한 금액을 주택분 종합부동산세액으로 한다.

② 납세의무자가 법인으로 보지 않는 단체인 경우 주택에 대한 종합부동산세 납세지는 해당 주택의 소재지로 한다.

③ 과세표준 합산의 대상에 포함되지 않는 주택을 보유한 납세의무자는 해당 연도 10월 16일부터 10월 31일까지 관할세무서장에게 해당 주택의 보유현황을 신고하여야 한다.

④ 종합부동산세 과세대상 1세대 1주택자로서 과세기준일 현재 해당 주택을 12년 보유한 자의 보유기간별 세액공제에 적용되는 공제율은 100분의 50이다.

⑤ 과세기준일 현재 주택분 재산세의 납세의무자는 종합부동산세를 납부할 의무가 있다.

Answer   7. ③   8. ⑤

09 「종합부동산세법」상 토지 및 주택에 대한 과세와 부과·징수에 관한 설명으로 옳은 것은?

2022년, 제33회 기출

① 종합합산과세대상인 토지에 대한 종합부동산세의 세액은 과세표준에 1%~5%의 세율을 적용하여 계산한 금액으로 한다.

② 종합부동산세로 납부해야 할 세액이 200만원인 경우 관할세무서장은 그 세액의 일부를 납부기한이 지난 날부터 6개월 이내에 분납하게 할 수 있다.

③ 관할세무서장이 종합부동산세를 징수하려면 납부기간 개시 5일 전까지 주택분과 토지분을 합산한 과세표준과 세액을 납부고지서에 기재하여 발급하여야 한다.

④ 종합부동산세를 신고납부방식으로 납부하고자 하는 납세의무자는 종합부동산세의 과세표준과 세액을 해당 연도 12월 1일부터 12월 15일까지 관할세무서장에게 신고하여야 한다.

⑤ 별도합산과세대상인 토지에 대한 종합부동산세의 세액은 과세표준에 0.5%~0.8%의 세율을 적용하여 계산한 금액으로 한다.

10 종합부동산세법령상 주택의 과세표준 계산과 관련한 내용으로 틀린 것은? (단, 2025년 납세의무 성립분임)

2023년, 제34회 기출

① 대통령령으로 정하는 1세대 1주택자(공동명의 1주택자 제외)의 경우 주택에 대한 종합부동산세의 과세표준은 납세의무자별로 주택의 공시가격을 합산한 금액에서 12억원을 공제한 금액에 100분의 60을 곱한 금액으로 한다. 다만, 그 금액이 영보다 작은 경우에는 영으로 본다.

② 대통령령으로 정하는 다가구 임대주택으로서 임대기간, 주택의 수, 가격, 규모 등을 고려하여 대통령령으로 정하는 주택은 과세표준 합산의 대상이 되는 주택의 범위에 포함되지 아니하는 것으로 본다.

③ 1주택(주택의 부속토지만을 소유한 경우는 제외)과 다른 주택의 부속토지(주택의 건물과 부속토지의 소유자가 다른 경우의 그 부속토지)를 함께 소유하고 있는 경우는 1세대 1주택자로 본다.

④ 혼인으로 인한 1세대 2주택의 경우 납세의무자가 해당 연도 9월 16일부터 9월 30일까지 관할세무서장에게 합산배제를 신청하면 1세대 1주택자로 본다.

⑤ 2주택을 소유하여 1천분의 27의 세율이 적용되는 법인의 경우 주택에 대한 종합부동산세의 과세표준은 납세의무자별로 주택의 공시가격을 합산한 금액에서 0원을 공제한 금액에 100분의 60을 곱한 금액으로 한다. 다만, 그 금액이 영보다 작은 경우에는 영으로 본다.

Answer   9. ④   10. ④

11 종합부동산세법령상 종합부동산세의 부과 · 징수에 관한 내용으로 틀린 것은?

2023년, 제34회 기출

① 관할세무서장은 납부하여야 할 종합부동산세의 세액을 결정하여 해당 연도 12월 1일부 터 12월 15일까지 부과 · 징수한다.

② 종합부동산세를 신고납부방식으로 납부하고자 하는 납세의무자는 종합부동산세의 과세 표준과 세액을 관할세무서장이 결정하기 전인 해당 연도 11월 16일부터 11월 30일까지 관할세무서장에게 신고하여야 한다.

③ 관할세무서장은 종합부동산세로 납부하여야 할 세액이 250만원을 초과하는 경우에는 대 통령령으로 정하는 바에 따라 그 세액의 일부를 납부기한이 지난 날부터 6개월 이내에 분납하게 할 수 있다.

④ 관할세무서장은 납세의무자가 과세기준일 현재 1세대 1주택자가 아닌 경우 주택분 종합 부동산세액의 납부유예를 허가할 수 없다.

⑤ 관할세무서장은 주택분 종합부동산세액의 납부가 유예된 납세의무자가 해당 주택을 타 인에게 양도하거나 증여하는 경우에는 그 납부유예 허가를 취소하여야 한다.

12 종합부동산세법령상 주택에 대한 과세에 관한 설명으로 옳은 것은? 2024년, 제35회 기출

① 「신탁법」 제2조에 따른 수탁자의 명의로 등기된 신탁주택의 경우에는 수탁자가 종합부 동산세를 납부할 의무가 있으며, 이 경우 수탁자가 신탁주택을 소유한 것으로 본다.

② 법인이 2주택을 소유한 경우 종합부동산세의 세율은 1천분의 50을 적용한다.

③ 거주자 甲이 2024년부터 보유한 3주택(주택 수 계산에서 제외되는 주택은 없음) 중 2주 택을 2025.6.17.에 양도하고 동시에 소유권이전등기를 한 경우, 甲의 2025년도 주택분 종 합부동산세액은 3주택 이상을 소유한 경우의 세율을 적용하여 계산한다.

④ 신탁주택의 수탁자가 종합부동산세를 체납한 경우 그 수탁자의 다른 재산에 대하여 강 제징수하여도 징수할 금액에 미치지 못할 때에는 해당 주택의 위탁자가 종합부동산세를 납부할 의무가 있다.

⑤ 공동명의 1주택자인 경우 주택에 대한 종합부동산세의 과세표준은 주택의 시가를 합산 한 금액에서 11억원을 공제한 금액에 100분의 50을 한도로 공정시장가액비율을 곱한 금 액으로 한다.

Answer 11. ② 12. ③

13 종합부동산세법령상 토지에 대한 과세에 관한 설명으로 옳은 것은? 2024년, 제35회 기출

① 토지분 재산세의 납세의무자로서 종합합산과세대상 토지의 공시가격을 합한 금액이 5억 원인 자는 종합부동산세를 납부할 의무가 있다.

② 토지분 재산세의 납세의무자로서 별도합산과세대상 토지의 공시가격을 합한 금액이 80억 원인 자는 종합부동산세를 납부할 의무가 있다.

③ 토지에 대한 종합부동산세는 종합합산과세대상, 별도합산과세대상 그리고 분리과세대상으로 구분하여 과세한다.

④ 종합합산과세대상인 토지에 대한 종합부동산세의 과세표준은 해당 토지의 공시가격을 합산한 금액에서 5억원을 공제한 금액에 100분의 50을 한도로 공정시장가액비율을 곱한 금액으로 한다.

⑤ 별도합산과세대상인 토지의 과세표준 금액에 대하여 해당 과세대상 토지의 토지분 재산세로 부과된 세액(「지방세법」에 따라 가감조정된 세율이 적용된 경우에는 그 세율이 적용된 세액, 같은 법에 따라 세부담 상한을 적용받은 경우에는 그 상한을 적용받은 세액을 말한다)은 토지분 별도합산세액에서 이를 공제한다.

Answer 13. ⑤

01 거주자 甲은 A주택을 3년간 소유하며 직접 거주하고 있다. 甲이 A주택에 대하여 납부하게 되는 2025년 귀속 재산세와 종합부동산세에 관한 설명으로 틀린 것은? (단, 甲은 종합부동산세법상 납세의무자로서 만 61세이며 1세대 1주택자라 가정함) 2018년, 제29회 기출 수정

① 재산세 및 종합부동산세의 과세기준일은 매년 6월 1일이다.

② 甲의 고령자 세액공제액은 「종합부동산세법」에 따라 산출된 세액에 100분의 20을 곱한 금액으로 한다.

③ 종합부동산세 납부세액이 350만원인 경우, 100만원은 납부기한이 지난 날부터 6개월 이내에 분납할 수 있다.

④ 재산세 산출세액은 「지방세법」령에 따라 계산한 직전 연도 해당 재산에 대한 재산세액 상당액의 100분의 150에 해당하는 금액을 한도로 한다.

⑤ 만약 甲이 A주택을 「신탁법」에 따라 수탁자 명의로 신탁등기하게 하는 경우 위탁자를 재산세 납세의무자로 본다.

02 거주자인 개인 甲은 국내에 주택 2채(다가구주택 아님) 및 상가건물 1채를 각각 보유하고 있다. 甲의 2025년 귀속 재산세 및 종합부동산세에 관한 설명으로 틀린 것은? (단, 甲의 주택은 종합부동산세법상 합산배제주택에 해당하지 아니하며, 지방세관계법상 재산세 특례 및 감면은 없음) 2021년, 제32회 기출 수정

① 甲의 주택에 대한 재산세는 주택별로 표준세율을 적용한다.

② 甲의 상가건물에 대한 재산세는 시가표준액에 법령이 정하는 공정시장가액비율을 곱하여 산정한 가액을 과세표준으로 하여 비례세율을 과세한다.

③ 甲의 주택분 종합부동산세액의 결정세액은 주택분 종합부동산세액에서 '(주택의 공시가격 합산액 − 9억원) × 종합부동산세 공정시장가액비율 × 재산세 표준세율'의 산식에 따라 산정한 재산세액을 공제하여 계산한다.

④ 甲의 상가건물에 대해서는 종합부동산세를 과세하지 아니한다.

⑤ 甲의 주택에 대한 종합부동산세는 甲이 보유한 주택의 공시가격을 합산한 금액에서 9억원을 공제한 금액에 공정시장가액비율을 곱한 금액(영보다 작은 경우는 영)을 과세표준으로 하여 누진세율로 과세한다.

Answer 1. ④ 2. ③

MEMO

CHAPTER

07

조세총론

조세총론

과세주체(과세권자)에 따른 분류

01 「지방세기본법」상 특별시세 세목이 아닌 것은?   2015년, 제26회 기출

① 주민세   ② 취득세
③ 지방소비세   ④ 지방교육세
⑤ 등록면허세

성립시기

01 국세 및 지방세의 납세의무 성립시기에 관한 내용으로 옳은 것은? (단, 특별징수 및 수시부과
와 무관함)   2018년, 제29회 기출

① 개인분 주민세: 매년 7월 1일
② 거주자의 양도소득에 대한 지방소득세: 매년 3월 31일
③ 재산세에 부가되는 지방교육세: 매년 8월 1일
④ 중간예납 하는 소득세: 매년 12월 31일
⑤ 자동차 소유에 대한 자동차세: 납기가 있는 달의 10일

Answer   1. ⑤ / 1. ①

01 거주자인 개인 甲이 乙로부터 부동산을 취득하여 보유하고 있다가 丙에게 양도하였다. 甲의 부동산 관련 조세의 납세의무에 관한 설명으로 틀린 것은? (단, 주어진 조건 외에는 고려하지 않음)

2021년, 제32회 기출

① 甲이 乙로부터 증여받은 것이라면 그 계약일에 취득세 납세의무가 성립한다.

② 甲이 乙로부터 부동산을 취득 후 재산세 과세기준일까지 등기하지 않았다면 재산세와 관련하여 乙은 부동산소재지 관할 지방자치단체의 장에게 소유권변동사실을 신고할 의무가 있다.

③ 甲이 종합부동산세를 신고납부방식으로 납부하고자 하는 경우 과세표준과 세액을 해당 연도 12월 1일부터 12월 15일까지 관할 세무서장에게 신고하는 때에 종합부동산세 납세의무는 확정된다.

④ 甲이 乙로부터 부동산을 40만원에 취득한 경우 등록면허세 납세의무가 있다.

⑤ 양도소득세의 예정신고만으로 甲의 양도소득세 납세의무가 확정되지 아니한다.

Answer   1. ⑤

01 「지방세기본법」상 지방자치단체의 징수금을 납부할 의무가 소멸되는 것은 모두 몇 개인가?

2017년, 제28회 기출

> ㉠ 납부·충당되었을 때
> ㉡ 지방세징수권의 소멸시효가 완성되었을 때
> ㉢ 법인이 합병한 때
> ㉣ 지방세부과의 제척기간이 만료되었을 때
> ㉤ 납세의무자의 사망으로 상속이 개시된 때

① 1개   ② 2개   ③ 3개
④ 4개   ⑤ 5개

02 국세기본법령상 국세의 부과제척기간에 관한 설명으로 옳은 것은?   2023년, 제34회 기출

① 납세자가 「조세범 처벌법」에 따른 사기나 그 밖의 부정한 행위로 종합소득세를 포탈하는 경우(역외거래 제외) 그 국세를 부과할 수 있는 날부터 15년을 부과제척기간으로 한다.

② 지방국세청장은 「행정소송법」에 따른 소송에 대한 판결이 확정된 경우 그 판결이 확정된 날부터 2년이 지나기 전까지 경정이나 그 밖에 필요한 처분을 할 수 있다.

③ 세무서장은 「감사원법」에 따른 심사청구에 대한 결정에 의하여 명의대여 사실이 확인되는 경우에는 당초의 부과처분을 취소하고 그 결정이 확정된 날부터 1년 이내에 실제로 사업을 경영한 자에게 경정이나 그 밖에 필요한 처분을 할 수 있다.

④ 종합부동산세의 경우 부과제척기간의 기산일은 과세표준과 세액에 대한 신고기한의 다음 날이다.

⑤ 납세자가 법정신고기한까지 과세표준신고서를 제출하지 아니한 경우(역외거래 제외)에는 해당 국세를 부과할 수 있는 날부터 10년을 부과제척기간으로 한다.

Answer   1. ③   2. ③

03 국세기본법령 및 지방세기본법령상 국세 또는 지방세 징수권의 소멸시효에 관한 설명으로 옳은 것은? 2024년, 제35회 기출

① 가산세를 제외한 국세가 10억원인 경우 국세징수권은 5년 동안 행사하지 아니하면 소멸시효가 완성된다.

② 가산세를 제외한 지방세가 1억원인 경우 지방세징수권은 7년 동안 행사하지 아니하면 소멸시효가 완성된다.

③ 가산세를 제외한 지방세가 5천만원인 경우 지방세징수권은 5년 동안 행사하지 아니하면 소멸시효가 완성된다.

④ 납세의무자가 양도소득세를 확정신고하였으나 정부가 경정하는 경우, 국세징수권을 행사할 수 있는 때는 납세의무자가 확정신고한 법정 신고납부기한의 다음 날이다.

⑤ 납세의무자가 취득세를 신고하였으나 지방자치단체의 장이 경정하는 경우, 납세고지한 세액에 대한 지방세징수권을 행사할 수 있는 때는 그 납세고지서에 따른 납부기한의 다음 날이다.

Answer 3. ⑤

최근 10개년 기출문제 | **조세(국세·지방세)와 다른 채권의 관계**

01 「국세기본법」 및 「지방세기본법」상 조세채권과 일반채권의 관계에 관한 설명으로 틀린 것은?

2018년, 제29회 기출

① 납세담보물 매각시 압류에 관계되는 조세채권은 담보 있는 조세채권보다 우선한다.

② 재산의 매각대금 배분시 당해 재산에 부과된 종합부동산세는 당해 재산에 설정된 전세권에 따라 담보된 채권보다 우선한다.

③ 취득세 신고서를 납세지 관할 지방자치단체장에게 제출한 날 전에 저당권 설정 등기 사실이 증명되는 재산을 매각하여 그 매각대금에서 취득세를 징수하는 경우, 저당권에 따라 담보된 채권은 취득세에 우선한다.

④ 강제집행으로 부동산을 매각할 때 그 매각금액 중에 국세를 징수하는 경우, 강제집행 비용은 국세에 우선한다.

⑤ 재산의 매각대금 배분시 당해 재산에 부과된 재산세는 당해 재산에 설정된 저당권에 따라 담보된 채권보다 우선한다.

02 법정기일 전에 저당권의 설정을 등기한 사실이 등기사항증명서(부동산등기부 등본)에 따라 증명되는 재산을 매각하여 그 매각금액에서 국세 또는 지방세를 징수하는 경우, 그 재산에 대하여 부과되는 다음의 국세 또는 지방세 중 저당권에 따라 담보된 채권에 우선하여 징수하는 것은 모두 몇 개인가?

2019년, 제30회 기출

㉠ 종합부동산세	㉡ 취득세에 부가되는 지방교육세
㉢ 등록면허세	㉣ 부동산임대에 따른 종합소득세
㉤ 소방분에 대한 지역자원시설세	

① 1개 　　　　② 2개 　　　　③ 3개
④ 4개 　　　　⑤ 5개

Answer　　1. ① 　2. ②

03 국세기본법령 및 지방세기본법령상 조세채권과 일반채권의 우선관계에 관한 설명으로 **틀린 것은?** (단, 납세의무자의 신고는 적법한 것으로 가정함) 2024년, 제35회 기출

① 취득세의 법정기일은 과세표준과 세액을 신고한 경우 그 신고일이다.

② 토지를 양도한 거주자가 양도소득세 과세표준과 세액을 예정신고한 경우 양도소득세의 법정기일은 그 예정신고일이다.

③ 법정기일 전에 전세권이 설정된 사실은 양도소득세의 경우 부동산등기부 등본 또는 공증인의 증명으로 증명한다.

④ 주택의 직전 소유자가 국세의 체납 없이 전세권이 설정된 주택을 양도하였으나, 양도 후 현재 소유자의 소득세가 체납되어 해당 주택의 매각으로 그 매각금액에서 소득세를 강제징수하는 경우 그 소득세는 해당 주택의 전세권담보채권에 우선한다.

⑤ 「주택임대차보호법」 제8조가 적용되는 임대차관계에 있는 주택을 매각하여 그 매각금액에서 지방세를 강제징수하는 경우에는 임대차에 관한 보증금 중 일정액으로서 같은 법에 따라 임차인이 우선하여 변제받을 수 있는 금액에 관한 채권이 지방세에 우선한다.

Answer   3. ④

최근 10개년 기출문제 | **거래 단계별 조세**

01 국내 소재 부동산의 보유단계에서 부담할 수 있는 세목은 모두 몇 개인가?

2019년, 제30회 기출

㉠ 농어촌특별세	㉡ 지방교육세
㉢ 개인지방소득세	㉣ 소방분에 대한 지역자원시설세

① 0개
② 1개
③ 2개
④ 3개
⑤ 4개

Answer 1. ⑤

01 「지방세기본법」상 이의신청 · 심판청구에 관한 설명으로 틀린 것은? 2019년, 제30회 기출 수정

① 「지방세기본법」에 따른 과태료의 부과처분을 받은 자는 이의신청 또는 심판청구를 할 수 없다.

② 심판청구는 그 처분의 집행에 효력이 미치지 아니하지만 압류한 재산에 대하여는 심판청구의 결정이 있는 날부터 30일까지 그 공매처분을 보류할 수 있다.

③ 지방세에 관한 불복시 불복청구인은 심판청구를 거치지 않고 행정소송을 제기할 수 있다.

④ 이의신청인은 신청금액이 1천만원 미만인 경우에는 그의 배우자, 4촌 이내의 혈족 또는 그의 배우자의 4촌 이내 혈족을 대리인으로 선임할 수 있다.

⑤ 심판청구가 이유 없다고 인정될 때에는 청구를 기각하는 결정을 한다.

02 「지방세기본법」상 이의신청과 심판청구에 관한 설명으로 옳은 것을 모두 고른 것은?

2022년, 제33회 기출

> ㉠ 통고처분은 이의신청 또는 심판청구의 대상이 되는 처분에 포함된다.
> ㉡ 이의신청인은 신청금액이 8백만원인 경우에는 그의 배우자를 대리인으로 선임할 수 있다.
> ㉢ 보정기간은 결정기간에 포함하지 아니한다.
> ㉣ 이의신청을 거치지 아니하고 바로 심판청구를 할 수는 없다.

① ㉠
② ㉡
③ ㉠, ㉣
④ ㉡, ㉢
⑤ ㉢, ㉣

Answer 1. ③ 2. ④

01 「지방세기본법」상 부과 및 징수, 불복에 관한 설명으로 옳은 것은?   2015년, 제26회 기출

① 납세자가 법정신고기한까지 소득세의 과세표준신고서를 제출하지 아니하여 해당 지방소득세를 부과할 수 없는 경우에 지방세 부과 제척기간은 5년이다.

② 지방세에 관한 불복시 불복청구인은 이의신청을 거치지 않고 심판청구를 제기할 수 없다.

③ 취득세는 원칙적으로 보통징수 방법에 의한다.

④ 납세의무자가 지방세관계법에 따른 납부기한까지 지방세를 납부하지 않은 경우 산출세액의 100분의 20을 가산세로 부과한다.

⑤ 지방자치단체 징수금의 징수순위는 체납처분비, 지방세(가산세는 제외), 가산세의 순서에 따른다.

02 「지방세기본법」 및 「지방세법」상 용어의 정의에 관한 설명으로 틀린 것은?

2020년, 제31회 기출

① "보통징수"란 지방세를 징수할 때 편의상 징수할 여건이 좋은 자로 하여금 징수하게 하고 그 징수한 세금을 납부하게 하는 것을 말한다.

② 취득세에서 사용하는 용어 중 "부동산"이란 토지 및 건축물을 말한다.

③ "세무공무원"이란 지방자치단체의 장 또는 지방세의 부과·징수 등에 관한 사무를 위임받은 공무원을 말한다.

④ "납세자"란 납세의무자(연대납세의무자와 제2차 납세의무자 및 보증인 포함)와 특별징수의무자를 말한다.

⑤ "지방자치단체의 징수금"이란 지방세 및 체납처분비를 말한다.

Answer   1. ⑤   2. ①

03 「지방세기본법」상 서류의 송달에 관한 설명으로 틀린 것은? 2022년, 제33회 기출 수정

① 연대납세의무자에게 납세의 고지에 관한 서류를 송달할 때에는 연대납세의무자 모두에게 각각 송달하여야 한다.

② 기한을 정하여 납세고지서를 송달하였더라도 서류가 도달한 날부터 10일이 되는 날에 납부기한이 되는 경우 지방자치단체의 징수금의 납부기한은 해당 서류가 도달한 날부터 14일이 지난 날로 한다.

③ 납세관리인이 있을 때에는 납세의 고지와 독촉에 관한 서류는 그 납세관리인의 주소 또는 영업소에 송달한다.

④ 교부에 의한 서류송달의 경우에 송달할 장소에서 서류를 송달받아야 할 자를 만나지 못하였을 때에는 그의 사용인으로서 사리를 분별할 수 있는 사람에게 서류를 송달할 수 있다.

⑤ 서류송달을 받아야 할 자의 주소 또는 영업소가 분명하지 아니한 경우에는 서류의 주요 내용을 공고한 날부터 14일이 지나면 서류의 송달이 된 것으로 본다.

04 국세 및 지방세의 연대납세의무에 관한 설명으로 옳은 것은? 2023년, 제34회 기출

① 공동주택의 공유물에 관계되는 지방자치단체의 징수금은 공유자가 연대하여 납부할 의무를 진다.

② 공동으로 소유한 자산에 대한 양도소득금액을 계산하는 경우에는 해당 자산을 공동으로 소유하는 공유자가 그 양도소득세를 연대하여 납부할 의무를 진다.

③ 공동사업에 관한 소득금액을 계산하는 경우(주된 공동사업자에게 합산과세되는 경우 제외)에는 해당 공동사업자가 그 종합소득세를 연대하여 납부할 의무를 진다.

④ 상속으로 인하여 단독주택을 상속인이 공동으로 취득하는 경우에는 상속인 각자가 상속받는 취득물건을 취득한 것으로 보고, 공동상속인이 그 취득세를 연대하여 납부할 의무를 진다.

⑤ 어느 연대납세의무자에 대하여 소멸시효가 완성된 때에도 다른 연대납세의무자의 납세 의무에는 영향을 미치지 아니한다.

Answer   3. ②   4. ④

박문각 공인중개사

정답 및 해설

Chapter 01

소득세 총설

Answer 부동산임대업

01 정답 ⑤

⑤ 임대보증금의 간주임대료를 계산하는 과정에서 금융수익을 차감할 때 그 금융수익은 수입이자와 할인료, 수입배당금으로 한다. 유가증권처분이익은 금융수익에 포함하지 않는다.

02 정답 ④

① 국외에 소재하는 주택의 임대소득은 주택 수에 관계없이 과세한다(소득세법 제12조 제2호 나목).

② 공익사업을 위한 토지 등의 취득 및 보상에 관한 법률에 따른 공익사업과 관련하여 지역권을 대여함으로써 발생하는 소득은 부동산업에서 발생하는 소득에서 제외한다(소득세법 제19조 제1항 제12호).

③ 거주자의 부동산임대업에서 발생하는 사업소득의 납세지는 그 주소지로 한다. 다만, 주소지가 없는 경우에는 그 거소지로 한다(소득세법 제6조 제1항).

⑤ 주거용 건물 임대업에서 발생한 결손금은 종합소득 과세표준을 계산할 때 공제한다(소득세법 제45조 제2항).

03 정답 ③

③ 3주택(주택 수에 포함되지 않는 주택 제외) 이상을 소유한 거주자가 주택과 주택부수토지를 임대(주택부수토지만 임대하는 경우 제외)한 경우에는 해당 주택의 보증금등의 합계액이 3억원을 초과하는 경우 법령으로 정하는 바에 따라 계산한 금액(간주임대료)을 총수입금액에 산입한다(소득세법 제25조 제1항).

04 정답 ②

1. 부동산임대업의 총수입금액 = 임대료 + 간주임대료
2. 임대료 = 1,000,000원 × 12월 = 12,000,000원
3. 간주임대료(총수입금액에 산입할 금액)(소득세법시행령 제53조 제3항 제2호)

간주임대료(총수입금액에 산입할 금액)(소득세법시행령 제53조 제3항 제2호)

$$= (\text{해당 과세기간의 보증금등의 적수} - \text{임대용부동산의 건설비 상당액의 적수}) \times \frac{1}{365} (\text{윤년의 경우에는 366}) \times \text{정기}$$

예금이자율 − 해당 과세기간의 해당 임대사업부분에서 발생한 수입이자와 할인료 및 배당금의 합계액

① 임대용부동산의 건설비 상당액 : 기획재정부령이 정하는 당해 임대용부동산의 건설비 상당액(토지가액을 제외한다)을 말한다. 건설비상당액은 해당 건축물의 취득가액을 말한다. 이 경우 당해 건축물의 취득가액은 자본적지출액을 포함하고 재평가차액을 제외한 금액으로 한다(소득세법시행규칙 제23조 제2항).

② 정기예금이자율 : 금융회사 등의 정기예금이자율을 고려하여 기획재정부령으로 정하는 이자율을 말한다(소득세법시행규칙 제23조 제1항).

③ 임대사업부분에서 발생한 금융수익 : 임대사업부분에서 발생한 수입이자·할인료 및 배당금 비치·기장한 장부나 증빙서류에 의하여 당해 임대보증금 등으로 취득한 것이 확인되는 금융자산으로부터 발생한 것에 한한다(소득세법시행령 제53조 제6항).

4. 간주임대료(총수입금액에 산입할 금액)

$$(500,000,000원 \times 365 - 200,000,000원 \times 365) \times \frac{1}{365} \times 6\% - 1,000,000원 = 17,000,000원$$

5. 부동산임대업의 총수입금액 = 12,000,000원 + 17,000,000원 = <u>29,000,000원</u>

05 정답 ③

1. 총수입금액 = 임대료 + 간주임대료

2. 임대료 : (5십만원 + 1백만원) × 12개월 = 18,000,000원

3. 간주임대료 : 0원

   주택에 대한 간주임대료는 3주택[주거의 용도로만 쓰이는 면적이 1호(戶) 또는 1세대당 40제곱미터 이하인 주택으로서 해당 과세기간의 기준시가가 2억원 이하인 주택은 2026년 12월 31일까지는 주택 수에 포함하지 아니한다] 이상을 소유하고 해당 주택의 보증금등의 합계액이 3억원을 초과하는 경우에 계산한다. 그런데 자료 중 B주택의 주거전용면적이 40m²이며 기준시가가 2억원이므로 주택 수에 포함하지 않는다. 따라서 3주택 이상에 해당하지 않으므로 주택에 대한 간주임대료는 계산하지 않는다.

4. 총수입금액 = 임대료(18,000,000원) + 간주임대료(0원) = 18,000,000원

06 정답 ①

② 공장재단을 대여하는 사업은 부동산임대업에 <u>해당된다</u>(소득세법 제45조 제2항 제2호).

③ 해당 과세기간의 주거용 건물 임대업을 제외한 부동산임대업에서 발생한 결손금은 그 과세기간의 종합소득과세표준을 계산할 때 <u>공제하지 아니한다</u>(소득세법 제45조 제2항).

④ 「공익사업을 위한 토지 등의 취득 및 보상에 관한 법률」 제4조에 따른 공익사업과 관련하여 지역권을 설정함으로써 발생하는 소득은 부동산업에서 발생하는 소득에 <u>해당하지 아니하고</u> <u>기타소득에 해당한다</u>(소득세법 제21조 제1항 제9호).

⑤ 사업소득에 부동산임대업에서 발생한 소득이 포함되어 있는 사업자는 그 소득별로 <u>구분하여</u> 회계처리하여야 한다(소득세법 제160조 제4항).

양도소득세

Answer 양도의 정의

01 정답 ②

② 법원의 확정판결에 의한 <u>이혼위자료로</u> 배우자에게 토지의 소유권을 이전하는 경우 양도로 본다.

① 법원의 확정판결에 의하여 <u>신탁해지를</u> 원인으로 소유권 이전등기를 하는 경우 양도로 보지 아니한다.

③ 공동소유의 토지를 공유자<u>지분 변경없이</u> 2개 이상의 공유토지로 분할하였다가 공동<u>지분의 변경없이</u> 그 공유토지를 소유지분별로 단순히 재분할하는 경우 양도로 보지 아니한다.

④ <u>본인 소유자산을 경매·공매로</u> 인하여 <u>자기가 재취득하는</u> 경우 양도로 보지 아니한다.

⑤ 매매원인 <u>무효</u>의 소에 의하여 그 매매사실이 원인무효로 판시되어 환원될 경우 양도로 보지 아니한다.

02 정답 ③

③ 「소득세법 시행령」 제151조 제1항에 따른 <u>양도담보계약을</u> 체결한 후 채무불이행으로 인하여 당해 자산을 변제에 충당한 때 : 양도 ○

① 「도시개발법」이나 그 밖의 법률에 따른 <u>환지처분으로 지목이 변경되는 경우</u> : 양도 ✕

② <u>부담부증여시</u> 그 증여가액 중 <u>채무액에 해당하는 부분을 제외한 부분</u> : 양도 ✕

④ 매매원인 <u>무효</u>의 소에 의하여 그 매매사실이 원인무효로 판시되어 소유권이 환원되는 경우 : 양도 ✕

⑤ 본인 소유 자산을 경매로 인하여 <u>본인이 재취득</u>한 경우 : 양도 ✕

03 정답 ⑤

⑤ 甲이 X토지와 증여가액(시가) 2억원인 양도소득세 과세대상에 해당하지 않는 Y자산을 함께 乙에게 부담부증여 하였다면 乙이 인수한 채무 2천5백만원에 해당하는 부분만 X토지에 대한 양도로 본다.

∷참고ㅣ 부담부증여에 대한 양도차익의 계산(소득세법시행령 제159조 ②)

양도소득세 과세대상에 해당하는 자산과 해당하지 아니하는 자산을 함께 부담부증여하는 경우로서 증여자의 채무를 수증자가 인수하는 경우 채무액은 다음 계산식에 따라 계산한다.

$$채무액 = A \times \frac{B}{C}$$

A : 총 채무액

B : 양도소득세 과세대상 자산가액

C : 총 증여 자산가액

따라서 위 사례의 경우 채무액 $= 5천만원 \times \dfrac{2억원}{(2억원+2억원)} = 2천5백만원$

Answer 양도세 과세대상

01 정답 ④

④ 국내에서 <u>등기되지 않은</u> 부동산임차권의 양도는 양도소득세 과세대상이 아니다. 국내 자산 중 등기된 부동산임차권을 양도한 경우 양도소득세 과세대상이다. 국외 자산은 등기여부와 관계없이 부동산임차권은 양도소득세 과세대상이다.

02 정답 ⑤

⑤ 등기된 부동산임차권의 양도는 양도소득세 과세대상이다. 등기되지 않은 부동산임차권의 양도는 양도소득세 과세대상이 아니다.

03 정답 ③

- 전세권 : 양도소득세 과세대상임
- 등기되지 않은 부동산임차권 : 양도소득세 과세대상이 아님
- 사업에 사용하는 토지 및 건물과 함께 양도하는 영업권 : 양도소득세 과세대상임
- 토지 및 건물과 함께 양도하는 「개발제한구역의 지정 및 관리에 관한 특별조치법」에 따른 이축권(해당 이축권의 가액을 대통령령으로 정하는 방법에 따라 별도로 평가하여 신고함) : 양도소득세 과세대상이 아님

∷참고 | 관련 조문 : 소득세법 제94조 제1항 제4호 마목

제1호의 자산과 함께 양도하는 「개발제한구역의 지정 및 관리에 관한 특별조치법」 제12조 제1항 제2호 및 제3호의2에 따른 이축을 할 수 있는 권리(이하 "이축권"이라 한다). 다만, 해당 <u>이축권 가액</u>을 대통령령으로 정하는 방법에 따라 <u>별도로 평가하여 신고하는 경우는 제외한다.</u>

04 정답 ③

㉠ 토지 및 건물과 <u>함께</u> 양도하는 「개발제한구역의 지정 및 관리에 관한 특별조치법」에 따른 <u>이축권</u>(해당 이축권 가액을 대통령령으로 정하는 방법에 따라 <u>별도로 평가하여 신고하지 않음</u>) : 양도소득세 과세대상 ○(소득세법 제94조 제1항 제4호 마목)

㉡ 조합원입주권 : 양도소득세 과세대상 ○(소득세법 제94조 제1항 제2호 가목)

㉣ 부동산매매계약을 체결한 자가 계약금만 지급한 상태에서 양도하는 권리 : 양도소득세 과세대상 ○(소득세법 제94조 제1항 제2호 가목)(관련 기본통칙 : 94-0…1 제3호)

㉢ 지역권 : 양도소득세 과세대상 ×

Answer 양도 또는 취득시기

01 정답 ①

① 제1항 제4호 : 자기가 건설한 건축물에 있어서 건축허가를 받지 아니하고 건축하는 건축물은 그 사실상의 사용일

02 정답 ①

① 「도시개발법」에 따라 교부받은 토지의 면적이 환지처분에 의한 권리면적보다 증가 또는 감소된 경우 : 환지처분의 공고가 있는 날의 다음 날

03 정답 ⑤

⑤ 완성 또는 확정되지 아니한 자산을 양도 또는 취득한 경우로서 해당 자산의 대금을 청산한 날까지 그 목적물이 완성 또는 확정되지 아니한 경우에는 그 <u>목적물이 완성 또는 확정된 날</u>(소득세법시행령 제162조 제1항 제8호).

Answer 실지거래가액에 의한 양도차익

01 정답 ④

④ 양도자산의 취득 후 쟁송이 있는 경우 그 소유권을 확보하기 위하여 직접 소요된 <u>소송비용</u>으로서 그 지출한 연도의 <u>각 사업소득금액 계산시 필요경비에 산입된 금액</u>은 <u>자본적지출액으로 인정하지 않는다</u>.

02 정답 ①

② 취득가액을 실지거래가액에 의하는 경우 자본적지출액도 실지로 지출된 가액에 의하므로 「소득세법」 제160조의 2 제2항에 따른 증명서류를 수취·보관하지 않더라도 지출사실이 입증되면 이를 필요경비로 인정한다(소득세법시행령 제163조 제3항).

⁘ 참고 | 소득세법시행령 제163조 제3항

> "자본적지출액 등으로서 대통령령으로 정하는 것"이란 그 지출에 관한 법 제160조의2 제2항에 따른 <u>증명서류를 수취·보관하거나 실제 지출사실이 금융거래 증명서류에 의하여 확인되는 경우</u>를 말한다(2018년 4월 1일 이후 양도하는 분부터 적용함).

③「소득세법」제97조 제3항에 따른 취득가액을 계산할 때 감가상각비를 공제하는 것은 취득가액을 실지거래가액으로 하는 경우뿐만 아니라 취득가액을 환산가액으로 하는 때에도 적용한다.

④ 토지를 취득함에 있어서 부수적으로 매입한 채권을 만기 전에 양도함으로써 발생하는 매각차손은 기획재정부령으로 정하는 금융기관 외의 자에게 양도한 경우에는 동일한 날에 금융기관에 양도하였을 경우 발생하는 매각차손을 한도로 양도비용으로 인정된다(소득세법시행령 제163조 제5항 제2호).

⑤ 취득세는 납부영수증이 없는 때에도 필요경비로 인정된다.

Answer **추계결정에 의하는 경우의 양도ㆍ취득가액과 기타의 필요경비**

01 정답 ③

이 문제는 "환산취득가액"과 "비과세 요건을 충족한 고가주택"의 양도차익을 계산하는 문제이다. 다음 순서로 계산한다.

1. 양도가액(실지거래가액) : 1,500,000,000원

2. 취득가액(실지거래가액이 확인 불가능하여 추계로 계산한다. 이 경우 취득가액 추계순서는 매매사례가액, 감정가액, 환산취득가액, 기준시가인데 매매사례가액과 감정가액의 자료가 주어지지 않았으므로 환산취득가액으로 한다)

> 환산취득가액 = 양도당시 실지거래가액 × $\dfrac{\text{취득당시 기준시가}}{\text{양도당시 기준시가}}$
>
> = 1,500,000,000원 × $\dfrac{350,000,000원}{500,000,000원}$
>
> = 1,050,000,000원

3. 취득가액이 추계이므로 필요경비개산공제를 적용한다.

> 필요경비개산공제 = 취득당시 기준시가 × 공제율
> = 350,000,000원 × 3%
> = 10,500,000원

4. 추계방법에 의한 취득가액을 환산취득가액으로 하는 경우 세부담의 최소화

> 필요경비 = MAX(①, ②)
> ① (환산취득가액 + 필요경비개산공제)
> ② (자본적지출액 + 양도비)]

① (환산취득가액 + 필요경비개산공제) = (1,050,000,000원 + 10,500,000원) = 1,060,500,000원

② (자본적지출액 + 양도비) = 17,000,000원

세부담의 최소화를 위해서 ①을 필요경비로 한다.

5. 양도차익 계산

양도가액	1,500,000,000원	
− 취득가액	1,050,000,000원	환산취득가액
− 기타필요경비	10,500,000원	필요경비개산공제
= 양도차익	439,500,000원	

6. 1세대 1주택 비과세에 해당하는 고가주택의 양도차익

$$= 양도차익 \times \frac{양도가액 - 12억원}{양도가액}$$

$$= 439,500,000원 \times \frac{1,500,000,000원 - 1,200,000,000원}{1,500,000,000원}$$

$$= 439,500,000원 \times \frac{300,000,000원}{1,500,000,000원}$$

$$= 87,900,000원$$

02 정답 ②

1. 양도가액 : 5억원(실지거래가액)

2. 취득가액

(1) 취득당시 실지거래가액이 확인 불가능하므로 매매사례가액, 감정가액, 환산취득가액, 기준시가를 순차로 적용한다.

(2) 주어진 자료 외에는 고려하지 않으므로 매매사례가액, 감정가액이 없으므로 환산취득가액을 적용한다.

(3) 환산취득가액

양도당시 실지거래가액(5억원) × 취득당시 기준시가(2억원) / 양도당시 기준시가(4억원) = 2억5천만원

(4) 필요경비개산공제

취득당시 기준시가(2억원) × 3% = 6,000,000원

(5) 취득가액이 환산취득가액인 경우 세부담의 최소화

필요경비 = MAX(①, ②)
① (환산취득가액 + 필요경비개산공제)
② (자본적지출액 + 양도비)]

① (환산취득가액 + 필요경비개산공제) = 2억5천만원 + 6백만원 = 2억5천6백만원

② (자본적지출액 + 양도비) = 2억 6천만원

따라서 ②가 ①보다 크므로 ②를 필요경비로 한다.

3. 양도차익 : 5억원 − 2억 6천만원 = 2억 4천만원

Answer 실지거래가액·추계결정의 양도차익

01 정답 ①

① 취득당시 실지거래가액을 확인할 수 없는 경우에는 매매사례가액, 감정가액, 환산가액, 기준시가를 순차로 적용하여 산정한 가액을 취득가액으로 한다.

02 정답 ④

④ 부동산을 취득할 수 있는 권리에 대한 기준시가는 양도자산의 종류를 고려하여 취득일 또는 양도일까지 납입한 금액과 취득일 또는 양도일 현재의 프리미엄에 상당하는 금액을 합한 금액으로 한다.

Answer 장기보유특별공제·양도소득기본공제

01 정답 ③

③ 1세대 1주택 요건을 충족한 고가주택(보유기간 2년 6개월)이 과세되는 경우 보유기간이 3년 이상이 아니므로 장기보유특별공제가 적용되지 않는다.

02 정답 ①

양도가액	67,000,000원	
− 취득가액	42,000,000원	
− 기타필요경비	4,000,000원	양도비용 4,000,000원
= 양도차익	21,000,000원	
− 장기보유특별공제	0원	3년 이상 보유가 아니므로 적용하지 않음
= 양도소득금액	21,000,000원	
− 양도소득기본공제	2,500,000원	
= 과세표준	18,500,000원	

03 정답 ①

양도가액	2,500,000,000원	실지거래가액
− 취득가액	1,950,000,000원	실지거래가액
− 기타필요경비	50,000,000원	(양도비 및 자본적지출액)
= 양도차익	500,000,000원	전체 양도차익
	260,000,000원	1세대 1주택 비과세요건을 충족한 고가주택의 양도차익 $500{,}000{,}000원 \times \dfrac{25억원 - 12억원}{25억원} = 260{,}000{,}000원$
− 장기보유특별공제	104,000,000원	(260,000,000원 × 40%)
= 양도소득금액	156,000,000원	
− 양도소득기본공제	2,500,000원	
= 양도소득과세표준	153,500,000원	

Answer 양도소득세 세율

01 정답 ③

① 1년 6개월 보유한 1주택 : 100분의 40 ⇨ 100분의 60

② 2년 1개월 보유한 상가건물 : 100분의 40 ⇨ 6~45%

④ 6개월 보유한 1주택 : 100분의 30 ⇨ 100분의 70

⑤ 1년 8개월 보유한 상가건물 : 100분의 50 ⇨ 100분의 40

02 정답 ③

③ 거주자가 조정대상지역의 공고가 있은 날 이전에 주택의 입주자로 선정된 지위를 양도하기 위한 매매계약을 체결하고 계약금을 지급받은 사실이 증빙서류에 의하여 확인되는 경우 그 조정대상지역 내 주택의 입주자로 선정된 지위 : 보유기간에 따라 세율이 달라진다. 즉, 1년 미만 보유시 100분의 70, 1년 이상 보유시 100분의 60을 적용한다.

03 정답 ②

① 보유기간이 6개월인 등기된 상가건물 : 100분의 50

③ 보유기간이 1년 6개월인 등기된 상가건물 : 100분의 40

④ 보유기간이 1년 10개월인 「소득세법」에 따른 조합원입주권 : 100분의 60

⑤ 보유기간이 2년 6개월인 「소득세법」에 따른 분양권 : 100분의 60

Answer 　미등기양도

01 정답 ②

　① 미등기양도자산도 양도소득에 대한 소득세의 비과세에 관한 규정을 적용할 수 없다.
　③ 미등기양도자산의 양도소득금액 계산시 양도소득기본공제를 적용할 수 없다.
　④ 미등기양도자산은 양도소득세 과세표준에 100분의 70을 곱한 금액을 양도소득 산출세액으로 한다.
　⑤ 미등기양도자산의 양도소득금액 계산시 장기보유특별공제를 적용할 수 없다.

02 정답 ②

　㉠ 양도소득세율은 양도소득 과세표준의 100분의 70 : 옳은 것
　㉡ 장기보유특별공제 적용 배제 : 옳은 것
　㉣ 양도소득기본공제 적용 배제 : 옳은 것
　㉢ 필요경비개산공제 적용 배제 : 틀린 것(필요경비개산공제 적용 : 취득당시 기준시가 × 0.3%)

03 정답 ⑤

　㉠㉡㉢ 모두 미등기양도제외자산에 해당한다.

Answer 　양도소득세의 신고와 납부

01 정답 ②

　② 예정신고를 하지 않은 경우 확정신고를 하면, 예정신고에 대한 가산세는 부과된다.

02 정답 ②

　① 2025년 3월 21일에 주택을 양도하고 잔금을 청산한 경우 2025년 5월 31일까지 예정신고할 수 있다.
　③ 예정신고납부시 납부할 세액이 2천만원인 경우 분납할 수 있다.
　④ 양도차손이 발생한 경우에도 예정신고는 하여야 한다.
　⑤ 예정신고하지 않은 거주자가 해당 과세기간의 과세표준이 없는 경우 확정신고하여야 한다.

03 정답 ②

② 양도소득에 대한 개인지방소득세의 세액이 <u>2천원 미만</u>일 때에는 이를 징수하지 아니한다(지방세법 제103조의 60 [소액징수면제]).

04 정답 ⑤

① 토지 또는 건물을 양도한 경우에는 그 <u>양도일이 속하는 달의 말일부터 2개월 이내</u>에 양도소득과세표준을 신고해야 한다.

② <u>양도차익이 없거나</u> <u>양도차손이 발생한 경우에도 양도소득과세표준 예정신고 의무가 있다.</u>

③ 건물을 신축하고 그 신축한 건물의 취득일부터 5년 이내에 해당 건물을 양도하는 경우로서 취득 당시의 실지거래가액을 확인할 수 없어 환산가액을 그 취득가액으로 하는 경우에는 해당 건물 <u>환산가액의</u> 100분의 5에 해당하는 금액을 양도소득 결정세액에 더한다.

④ 양도소득과세표준 <u>예정신고시에도</u> 납부할 세액이 1천만원을 초과하는 경우 그 납부할 세액의 일부를 <u>분할납부할 수 있다.</u>

05 정답 ②

② 예정신고납부를 하는 경우 예정신고 산출세액에서 감면세액을 빼고 수시부과세액이 있을 때에는 이를 공제하여 납부한다(소득세법 제106조 제3항).

06 정답 ⑤

⑤ 납세의무자가 법정신고기한까지 양도소득세의 과세표준신고를 하지 아니한 경우(부정행위로 인한 무신고는 제외)에는 그 무신고납부세액에 100분의 20을 곱한 금액을 가산세로 한다(국세기본법 제47조의2 제1항 제2호).

① 건물을 신축하고 그 취득일부터 <u>5년</u> 이내에 양도하는 경우로서 감정가액을 취득가액으로 하는 경우에는 그 감정가액의 100분의 <u>5</u>에 해당하는 금액을 양도소득 결정세액에 가산한다.

② 공공사업의 시행자에게 수용되어 발생한 양도소득세액이 2천만원을 초과하는 경우 납세의무자는 물납을 신청할 수 <u>없다</u>[소득세법 제112조의 2(양도소득세의 물납) 폐지(2015.12.15. 삭제)].

③ 과세표준 예정신고와 함께 납부하는 때에는 산출세액에서 납부할 세액의 100분의 5에 상당하는 금액을 <u>공제하지 아니한다</u>[소득세법 제106조 제1항(양도소득세의 예정신고납부세액공제) 폐지(2000.12.19. 개정)].

④ 예정신고납부할 세액이 1천 5백만원인 자는 <u>1천만원을 초과하는</u> 금액을 납부기한이 지난 후 2개월 이내에 분할납부할 수 있다(소득세법 제112조, 소득세법시행령 제175조).

Answer 국외자산양도에 대한 양도소득세

01 정답 ③

③ '기준시가의 산정'은 국외자산의 양도에 대한 양도소득세 과세에 있어서 국내자산의 양도에 대한 양도소득세 규정을 준용하지 않는다.

02 정답 ④

④ 거주자 甲이 국외에 있는 양도소득세 과세대상 X토지를 양도한 경우 장기보유특별공제는 적용하지 아니한다.

03 정답 ③

③ 제118조의2에 따른 자산("국외자산"이라 한다)의 양도가액은 그 자산의 양도 당시의 실지거래가액으로 한다. 다만, 양도 당시의 실지거래가액을 확인할 수 없는 경우에는 양도자산이 소재하는 국가의 양도 당시 현황을 반영한 시가에 따르되, 시가를 산정하기 어려울 때에는 그 자산의 종류, 규모, 거래상황 등을 고려하여 대통령령으로 정하는 방법에 따른다(소득세법 제118조의3 제1항).

04 정답 ①

① 甲의 국외주택에 대한 양도차익은 양도가액에서 취득가액, 자본적지출액, 양도비를 차감하여 계산한다. 국외주택에 대한 양도차익 계산시 필요경비개산공제는 적용하지 아니한다.

05 정답 ②

② 국외 부동산을 양도하여 발생한 양도차손은 동일한 과세기간에 국내 부동산을 양도하여 발생한 양도소득금액에서 통산할 수 <u>없다</u>(소득세법 제118조의 8)(소득세법 제102조).

Answer 비과세 양도소득

01 정답 ③

1. 주택(80m^2) ≤ 상가(120m^2)

주택의 연면적이 주택 외의 부분의 연면적보다 적거나 같을 때에는 주택 외의 부분은 주택으로 보지 아니한다. 즉, 주택부분만 주택으로 본다. 따라서 양도소득세가 과세되는 건물면적은 <u>120m^2</u>이다.

2. 건물부수토지 안분

① 주택부수토지 : 건물부수토지$(800\text{m}^2) \times \dfrac{주택(80\text{m}^2)}{주택(80\text{m}^2)+상가(120\text{m}^2)} = 320\text{m}^2$

　　도시지역 내 수도권 내의 토지 중 녹지지역 내의 토지이므로 주택정착면적(80m^2)의 5배인 400m^2 이내이므로 320m^2를 주택의 부수토지로 보아 비과세한다.

② 상가부수토지 : 건물부수토지(800m^2) − 주택부수토지(320m^2) = $\underline{480\text{m}^2}$는 과세한다.

02 정답 ②

① 국내에 1주택만을 보유하고 있는 1세대가 해외이주로 세대전원이 출국하는 경우 <u>출국일부터 3년이 되는 날</u> 해당 주택을 양도하면 비과세된다.

⇨ 국내에 1주택만을 보유하고 있는 1세대가 해외이주로 세대전원이 출국하는 경우 <u>출국일부터 2년 이내에</u> 해당 주택을 양도하면 비과세된다.

③ 직장의 변경으로 세대전원이 다른 시로 주거를 이전하는 경우 <u>6개월간 거주한</u> 1주택을 양도하면 비과세된다.

⇨ 직장의 변경으로 세대전원이 다른 시로 주거를 이전하는 경우 <u>1년 이상 거주한</u> 1주택을 양도하면 비과세된다.

④ 양도 당시 실지거래가액이 15억원인 1세대 1주택의 양도로 발생하는 양도차익 <u>전부가</u> 비과세된다.

⇨ 양도 당시 실지거래가액이 15억원인 1세대 1주택의 양도로 발생하는 양도차익 중 <u>12억원에 해당하는 부분만</u> 비과세되고 12억원 초과부분에 대해서는 과세된다.

⑤ 농지를 교환할 때 쌍방 토지가액의 차액이 가액이 큰 편의 <u>3분의 1</u>인 경우 발생하는 소득은 비과세된다.

⇨ 농지를 교환할 때 쌍방 토지가액의 차액이 가액이 큰 편의 <u>4분의 1</u>인 경우 발생하는 소득은 비과세된다.

03 정답 ⑤

> • 1주택을 보유하는 자가 1주택을 보유하는 자와 혼인함으로써 1세대가 2주택을 보유하게 되는 경우 혼인한 날부터 (10)년 이내에 먼저 양도하는 주택은 이를 1세대 1주택으로 보아 제154조 제1항을 적용한다.
> • 1주택을 보유하고 1세대를 구성하는 자가 1주택을 보유하고 있는 (60)세 이상의 직계존속[배우자의 직계존속을 포함하며, 직계존속 중 어느 한 사람이 (60)세 미만인 경우를 포함]을 동거봉양하기 위하여 세대를 합침으로써 1세대가 2주택을 보유하게 되는 경우 합친 날부터 (10)년 이내에 먼저 양도하는 주택은 이를 1세대 1주택으로 보아 제154조 제1항을 적용한다.

04 정답 ④

④ 「국토의 계획 및 이용에 관한 법률」에 따른 개발제한구역에 있는 농지는 비사업용 토지에 해당하지 않는다(단, 소유기간 중 개발제한구역 지정·변경은 없음).

05 정답 ②

② "고가주택"이란 양도 당시의 실지거래가액의 합계액이 12억원을 초과하는 주택을 말한다(소득세법시행령 제156조 제1항).

06 정답 ⑤

- 영농의 목적으로 취득한 귀농주택으로서 수도권 밖의 지역 중 면지역에 소재하는 주택과 일반주택을 국내에 각각 1개씩 소유하고 있는 1세대가 귀농주택을 취득한 날부터 (㉠ 5)년 이내에 일반주택을 양도하는 경우에는 국내에 1개의 주택을 소유하고 있는 것으로 보아 제154조 제1항을 적용한다(소득세법시행령 제155조 제7항 제3호).
- 취학 등 부득이한 사유로 취득한 수도권 밖에 소재하는 주택과 일반주택을 국내에 각각 1개씩 소유하고 있는 1세대가 부득이한 사유가 해소된 날부터 (㉡ 3)년 이내에 일반주택을 양도하는 경우에는 국내에 1개의 주택을 소유하고 있는 것으로 보아 제154조 제1항을 적용한다(소득세법시행령 제155조 제8항).
- 1주택을 보유하는 자가 1주택을 보유하는 자와 혼인함으로써 1세대가 2주택을 보유하게 되는 경우 혼인한 날부터 (㉢ 10)년 이내에 먼저 양도하는 주택은 이를 1세대 1주택으로 보아 제154조 제1항을 적용한다(소득세법시행령 제155조 제5항).

07 정답 ⑤

⑤ 국가가 소유하는 토지와 분합하는 농지로서 분합하는 쌍방 토지가액의 차액이 가액이 큰 편의 4분의 1 이하인 경우에는 분합으로 발생하는 소득은 비과세된다.

Answer | 이월과세

01 정답 ④

① 이월과세를 적용하는 경우 거주자가 배우자로부터 증여받은 자산에 대하여 납부한 증여세를 필요경비에 산입한다.

② 이월과세를 적용받은 자산의 보유기간은 증여한 배우자가 그 자산을 취득한 날을 취득일로 본다.

③ 거주자가 양도일부터 소급하여 10년 이내에 그 배우자(양도 당시 사망으로 혼인관계가 소멸된 경우 제외)로부터 증여받은 토지를 양도할 경우에 이월과세를 적용한다.

⑤ 이월과세를 적용하여 계산한 양도소득결정세액이 이월과세를 적용하지 않고 계산한 양도소득결정세액보다 적은 경우에 이월과세를 적용하지 아니한다.

02 정답 ③

① 양도차익 계산시 양도가액에서 공제할 취득가액은 <u>3억원</u>이다(소득세법 제97조의2 제1항 제1호).

② 양도차익 계산시 甲이 지출한 자본적 지출액 5천만원은 양도가액에서 공제할 수 <u>있다</u>(소득세법 제95조 제4항 제2호).

④ 장기보유 특별공제액 계산 및 세율 적용시 보유기간은 甲의 취득일부터 양도일까지의 기간으로 한다(소득세법 제95조 제4항 단서).

⑤ 甲과 乙은 양도소득세에 대하여 <u>연대납세의무가 없다</u>.

Answer · 부당행위계산부인

01 정답 ①

① 증여자에게 양도소득세가 과세되는 경우에는 당초 증여받은 자산에 대해서는 「상속세 및 증여세법」의 규정에도 불구하고 증여세를 부과하지 아니한다. 따라서 乙이 납부한 증여세는 부과를 취소하고 환급한다(소득세법 제101조 제3항).

Answer · 양도소득세 종합문제

01 정답 ①

② 비거주자가 국외 토지를 양도한 경우 양도소득세 납부의무가 <u>없다</u>.

③ 거주자가 국내 상가건물을 양도한 경우 거주자의 주소지와 상가건물의 소재지가 다르다면 양도소득세 납세지는 <u>거주자의 주소지</u>이다.

④ 비거주자가 국내 주택을 양도한 경우 양도소득세 납세지는 <u>국내 주택의 소재지</u>이다.

⑤ 거주자가 국외 주택을 양도한 경우 양도일까지 계속해서 5년간 국내에 주소를 두었다면 양도소득금액 계산시 <u>장기보유특별공제를 적용하지 않는다</u>.

02 정답 ⑤

⑤ 특수관계인 간의 거래가 아닌 경우로서 취득가액인 실지거래가액을 인정 또는 확인할 수 없어 그 가액을 추계결정 또는 경정하는 경우에는 매매사례가액, 감정가액, 환산가액(취득가액에만 적용), 기준시가의 순서에 따라 적용한 가액에 의한다.

03 정답 ③

① 양도소득금액을 계산할 때 부동산을 취득할 수 있는 권리에서 발생한 양도차손은 토지에서 발생한 양도소득금액에서 공제할 수 있다.

② 양도차익을 실지거래가액에 의하는 경우 양도가액에서 공제할 취득가액은 그 자산에 대한 감가상각비로서 각 과세기간의 사업소득금액을 계산하는 경우 필요경비에 산입한 금액이 있을 때에는 이를 <u>공제한 금액으로 한다</u>.

④ 1세대 1주택 비과세 요건을 충족하는 고가주택의 양도가액이 15억원이고 양도차익이 5억원인 경우 양도소득세가 과세되는 양도차익은 <u>1억원</u>이다.

⑤ 2018년 4월 1일 이후 지출한 자본적지출액은 그 지출에 관한 증명서류를 수취·보관하지 않고 실제 지출사실이 금융거래 증명서류에 의하여 확인되지 않는 경우 양도차익 계산시 <u>양도가액에서 공제할 수 없다</u>.

04 정답 ⑤

① 부동산에 관한 권리의 양도로 발생한 양도차손은 토지의 양도에서 발생한 양도소득금액에서 공제할 수 있다(소득세법 제102조 제1항).

② 양도일부터 소급하여 10년 이내에 그 배우자로부터 증여받은 토지의 양도차익을 계산할 때 그 증여받은 토지에 대하여 납부한 증여세는 양도가액에서 공제할 <u>필요경비에 산입한다</u>(소득세법 제97조의2 제1항).

③ 취득원가에 현재가치할인차금이 포함된 양도자산의 보유기간 중 사업소득금액 계산시 필요경비로 산입한 현재가치할인차금상각액은 양도차익을 계산할 때 양도가액에서 공제할 <u>필요경비로 보지 아니한다</u>(소득세법시행령 제163조 제2항). (∵ 취득가액에서 공제하므로)

④ 특수관계인에게 증여한 자산에 대해 증여자인 거주자에게 양도소득세가 과세되는 경우 수증자가 부담한 증여세 상당액은 <u>부과를 취소하고 환급한다</u>(소득세법 제101조 제3항).

05 정답 ③

> **소득세법 제90조 【양도소득세의 감면】** ① 제95조에 따른 양도소득금액에 이 법 또는 다른 조세에 관한 법률에 따른 감면대상 양도소득금액이 있을 때에는 다음 계산식에 따라 계산한 양도소득세 감면액을 양도소득 산출세액에서 감면한다.
>
> $$양도소득세\ 감면액 = A \times \frac{B-C}{D} \times E$$
>
> A : 제104조에 따른 양도소득 산출세액
> B : 감면대상 양도소득금액
> C : 제103조 제2항에 따른 양도소득 기본공제
> D : 제92조에 따른 양도소득 과세표준
> E : 이 법 또는 다른 조세에 관한 법률에서 정한 감면율

$$\therefore \text{양도소득세 감면액} = \text{산출세액} \times \frac{(\text{감면대상 양도소득금액} - \text{양도소득 기본공제})}{\text{과세표준}} \times \text{감면율}$$

$$= 10,000,000원 \times \frac{(7,500,000원 - 0원)}{20,000,000원} \times 50\%$$

$$= 10,000,000원 \times \frac{7,500,000원}{20,000,000원} \times 50\%$$

$$= 1,875,000원$$

06 정답 ②

② 양도소득과세표준과 세액을 결정 또는 경정한 경우 관할세무서장이 결정한 양도소득 총결정세액이 이미 납부한 확정신고세액을 초과할 때에는 그 초과하는 세액을 해당 거주자에게 알린 날부터 30일 이내에 징수한다(소득세법 제116조 제2항).

① 과세기간별로 이미 납부한 확정신고세액이 관할세무서장이 결정한 양도소득 총결정세액을 초과한 경우 다른 국세에 충당할 수 있다.

> **소득세법 제117조【양도소득세의 환급】** 납세지 관할 세무서장은 과세기간별로 제116조 제2항 각 호의 금액의 합계액이 제93조 제3호에 따른 양도소득 총결정세액을 초과할 때에는 그 초과하는 세액을 환급하거나 다른 국세 및 강제징수비에 충당하여야 한다.

③ 양도소득세 과세대상 건물을 양도한 거주자는 부담부증여의 채무액을 양도로 보는 경우 그 양도일이 속하는 달의 말일부터 3개월 이내에 예정신고를 하여야 한다(소득세법 제105조 제1항 제3호).

④ 양도소득세는 납세의무자의 신고에 의해 확정된다.

> **소득세법 제114조【양도소득과세표준과 세액의 결정ㆍ경정 및 통지】** ① 납세지 관할 세무서장 또는 지방국세청장은 제105조에 따라 예정신고를 하여야 할 자 또는 제110조에 따라 확정신고를 하여야 할 자가 그 신고를 하지 아니한 경우에는 해당 거주자의 양도소득과세표준과 세액을 결정한다.
> ② 납세지 관할 세무서장 또는 지방국세청장은 제105조에 따라 예정신고를 한 자 또는 제110조에 따라 확정신고를 한 자의 신고 내용에 탈루 또는 오류가 있는 경우에는 양도소득과세표준과 세액을 경정한다.

⑤ 이미 납부한 확정신고세액이 관할세무서장이 결정한 양도소득 총결정세액을 초과할 때에는 해당 결정일부터 30일 이내에 환급해야 한다(소득세법 제117조, 국세기본법 제51조 제6항).

> **국세기본법 제51조【국세환급금의 충당과 환급】** ⑥ 국세환급금 중 제2항에 따라 충당한 후 남은 금액은 국세환급금의 결정을 한 날부터 30일 내에 대통령령으로 정하는 바에 따라 납세자에게 지급하여야 한다.

07 정답 ④

① 부담부증여의 채무액에 해당하는 부분으로서 양도로 보는 경우에는 그 양도일이 속하는 달의 말일부터 3개월 이내에 양도소득세를 신고하여야 한다(소득세법 제105조 제1항 제3호).

② 토지를 매매하는 거래당사자가 매매계약서의 거래가액을 실지거래가액과 다르게 적은 경우에는 해당 자산에 대하여 「소득세법」에 따른 양도소득세의 비과세에 관한 규정을 적용할 때, 비과세 받을 세액에서 '비과세에 관한 규정을 적용하지 아니하였을 경우의 양도소득 산출세액'과 '매매계약서의 거래가액과 실지거래가액과의 차액' 중 적은 금액을 뺀다(소득세법 제91조 제2항).

③ 사업상의 형편으로 인하여 세대전원이 다른 시·군으로 주거를 이전하게 되어 6개월 거주한 주택을 양도하는 경우 보유기간 및 거주기간의 제한을 받지 아니하고 양도소득세가 과세된다(소득세법시행령 제154조 제1항 제3호).

⑤ 상속받은 주택과 상속개시 당시 보유한 일반주택을 국내에 각각 1개씩 소유한 1세대가 상속받은 주택을 양도하는 경우에는 국내에 1개의 주택을 소유하고 있는 것으로 보아 1세대 1주택 비과세 규정을 적용하지 아니한다(소득세법시행령 제155조 제2항).

08 정답 ④

1. 양도차손의 공제

소득세법 제102조 제1항에 따라 "양도소득금액"을 계산할 때 양도차손이 발생한 자산이 있는 경우에는 소득세법 제102조 제1항 각 호별로 해당 자산 외의 다른 자산에서 발생한 양도소득금액에서 그 양도차손을 공제한다. 이 경우 공제방법은 양도소득금액의 세율 등을 고려하여 대통령령으로 정한다(소득세법 제102조 제2항).

2. 양도차손의 공제순서

소득세법 제102조 제2항의 규정에 의한 양도차손은 다음 각 호(①, ②)의 자산의 양도소득금액에서 순차로 공제한다(소득세법시행령 제167조의2 제1항).

① 양도차손이 발생한 자산과 같은 세율을 적용받는 자산의 양도소득금액(소득세법시행령 제167조의2 제1항 제1호)

② 양도차손이 발생한 자산과 다른 세율을 적용받는 자산의 양도소득금액. 이 경우 다른 세율을 적용받는 자산의 양도소득금액이 2 이상인 경우에는 각 세율별 양도소득금액의 합계액에서 당해 양도소득금액이 차지하는 비율로 안분하여 공제한다(소득세법시행령 제167조의2 제1항 제2호).

		건 물	토지A	토지B
	양도가액			
−	취득가액			
−	기타필요경비			
=	양도차익	15,000,000원	(20,000,000원)	25,000,000원
−	장기보유특별공제	−	−	1,500,000원
=	양도소득금액	15,000,000원	(20,000,000원)	23,500,000원
	세율 구분	40%	6~45%	6~45%
	양도차손의 통산	−	−	(20,000,000원)
	통산 후 양도소득금액	−	−	3,500,000원
−	양도소득기본공제	2,500,000원	−	0원
=	과세표준	12,500,000원		3,500,000원

⸬ 참고 | 양도차손의 통산 사례(양도집행 102−167의2−3)

구 분	양도차익 ①	결손금 ②	1차 통산 (①−②)	2차 통산 (세율별 배분)	소득금액
누진세율	100	−	100	△200 × (100/800) = △25	100 − 25 = 75
40% 세율	200	△400	△200	−	−
50% 세율	500	△100	400	△200 × (400/800) = △100	400 − 100 = 300
70% 세율	300	−	300	△200 × (300/800) = △75	300 − 75 = 225
합 계	−	△500	△200	△200	−
	1,100	−	800	−	600

| Answer | 과점주주 |

01 정답 ③

1. 과점주주의 간주취득세가 과세되는 경우가 아닌 것: ㉠, ㉣ (2개)

㉠ 법인설립시에 발행하는 주식을 취득함으로써 과점주주가 된 경우: 취득으로 보지 아니한다.

㉣ 과점주주 집단 내부에서 주식이 이전되었으나 과점주주 집단이 소유한 총주식의 비율에 변동이 없는 경우: 과점주주 간주취득세의 납세의무는 없다.

2. 과점주주의 간주취득세가 과세되는 경우인 것: ㉡, ㉢ (2개)

㉡ 과점주주가 아닌 주주가 다른 주주로부터 주식을 취득함으로써 최초로 과점주주가 된 경우: 최초로 과점주주가 된 날 현재 해당 과점주주가 소유하고 있는 법인의 주식 등을 모두 취득한 것으로 보아 취득세를 부과한다.

㉢ 이미 과점주주가 된 주주가 해당 법인의 주식을 취득하여 해당 법인의 주식의 총액에 대한 과점주주가 가진 주식의 비율이 증가된 경우: 그 증가분을 취득으로 보아 취득세를 부과한다.

| Answer | 취득세 납세의무자 |

01 정답 ②

① 취득세는 <u>부동산</u>, 차량, 기계장비, 항공기, 선박, 입목, 광업권, <u>어업권</u>, 골프 회원권, 승마 회원권, 콘도미니엄 회원권, 종합체육시설 이용 회원권 또는 요트 회원권을 취득한 자에게 부과한다.

③ <u>법인설립시</u>에 발행하는 주식 또는 지분을 취득함으로써 과점주주가 된 경우에는 <u>취득으로 보지 아니한다.</u>

④ <u>토지의 지목을 사실상 변경</u>함으로써 그 <u>가액이 증가한 경우에 취득으로 본다.</u>

⑤ 증여자의 채무를 인수하는 <u>부담부증여</u>의 경우에는 그 <u>채무액에 상당하는 부분</u>은 부동산등을 <u>유상으로</u> 취득하는 것으로 본다.

02 정답 ④

④ 직계비속이 권리의 이전에 등기가 필요한 직계존속의 부동산을 서로 교환한 경우 유상으로 취득한 것으로 본다.

03 정답 ⑤

① 토지의 지목을 사실상 변경함으로써 그 가액이 증가한 경우에는 취득으로 <u>본다</u>.

② 상속회복청구의 소에 의한 <u>법원의 확정판결</u>에 의하여 특정 상속인이 <u>당초 상속분을 초과하여 취득하게 되는 재산가액은 상속분이 감소한 상속인으로부터 증여받아 취득한 것으로 보지 아니한다</u>(지방세법 제7조 제13항 제2호).

③ 권리의 이전이나 행사에 등기 또는 등록이 필요한 부동산을 직계존속과 서로 교환한 경우에는 <u>유상</u>으로 취득한 것으로 본다.

④ 증여로 인한 승계취득의 경우 해당 취득물건을 <u>등기·등록하지 아니하고 취득일부터 취득일이 속하는 달의 말일부터 3개월 이내에 공증받은 공정증서에 의하여 계약이 해제된 사실이 입증되는 경우에는 취득한 것으로 보지 아니한다</u>(지방세법시행령 제20조 제1항 제2호).

Answer | **취득세 취득시기**

01 정답 ④

④ 「도시 및 주거환경정비법」제35조 제3항에 따른 재건축조합이 재건축사업을 하면서 조합원으로부터 취득하는 토지 중 조합원에게 귀속되지 아니하는 토지를 취득하는 경우에는 「도시 및 주거환경정비법」제86조 제2항에 따른 <u>소유권이전 고시일의 다음 날</u>에 그 토지를 취득한 것으로 본다(지방세법시행령 제20조 제7항).

02 정답 ⑤

⑤ 관계 법령에 따라 매립·간척 등으로 토지를 원시취득하는 경우에는 공사준공인가일을 취득일로 본다. 다만, 공사준공인가일 전에 사용승낙·허가를 받거나 사실상 사용하는 경우에는 사용승낙일·허가일 또는 사실상 사용일 중 빠른 날을 취득일로 본다.

03 정답 ③, ⑤ [복수 정답]

③ 유상승계취득의 경우 사실상의 잔금지급일을 확인할 수 있는 때에는 <u>사실상의 잔금지급일과 등기일 중 빠른 날</u>이 납세의무의 성립시기이다.

⑤ 「도시 및 주거환경정비법」에 따른 재건축조합이 재건축사업을 하면서 조합원으로부터 취득하는 토지 중 조합원에게 귀속되지 아니하는 토지를 취득하는 경우에는 같은 법에 따른 <u>소유권이전 고시일의 다음 날</u>이 납세의무의 성립시기이다.

Answer 취득세 과세표준

01 정답 ①

① 「전기사업법」에 따라 전기를 사용하는 자가 분담하는 비용은 취득가격에 포함하지 아니한다.

02 정답 ⑤

⌂ **취득세 과세표준**

(1) 총매매대금	500,000,000원
(2) 총매매대금 외에 당사자약정에 의하여 乙의 은행채무를 甲이 대신 변제한 금액	10,000,000원
(3) 법령에 따라 매입한 국민주택채권을 해당 주택의 취득 이전에 금융회사에 양도함으로써 발생하는 매각차손	1,000,000원
(4) 취득세 과세표준: (1) + (2) + (3)	511,000,000원

03 정답 ①

1. 옳은 것: ㉠

2. 틀린 것: ㉡, ㉢

㉡ 건축물의 시가표준액은 소득세법령에 따라 매년 1회 국세청장이 산정, 고시하는 건물신축가격기준액에 행정안전부장관이 정한 기준을 적용하여 지방자치단체의 장이 결정한 가액으로 한다(지방세법 제4조 제2항).

㉢ 공동주택의 시가표준액은 공동주택가격이 공시되지 아니한 경우에는 지역별·단지별·면적별·층별 특성 및 거래가격 등을 고려하여 행정안전부장관이 정하는 기준에 따라 특별자치시장·특별자치도지사·시장·군수 또는 구청장이 산정한 가액으로 한다(지방세법 제4조 제1항).

04 정답 ②

① 건축물을 교환으로 취득하는 경우에는 교환으로 이전받는 건축물의 시가인정액과 이전하는 건축물의 시가인정액 중 높은 가액을 취득당시가액으로 한다(지방세법시행령 제18조의4 제1항 제1호 나목).

③ 대물변제에 따른 건축물 취득의 경우에는 대물변제액(대물변제액 외에 추가로 지급한 금액이 있는 경우에는 그 금액을 포함한다)을 취득당시가액으로 한다(지방세법시행령 제18조의4 제1항 제1호 가목).

④ 법인이 아닌 자가 건축물을 건축하여 취득하는 경우로서 사실상취득가격을 확인할 수 없는 경우에는 시가표준액을 취득당시가액으로 한다(지방세법 제10조의4 제2항).

⑤ 법인이 아닌 자가 건축물을 매매로 승계취득하는 경우에는 그 건축물을 취득하기 위하여 「공인중개사법」에 따른 공인중개사에게 지급한 중개보수를 취득당시가액에 포함하지 아니한다(지방세법시행령 제18조 제1항 제7호).

Answer 표준세율

01 **정답 ⑤**

⑤ 모두 옳은 설명이다.

㉠ 상속으로 인한 농지취득 : 1천분의 23

㉡ 합유물 및 총유물의 분할로 인한 취득 : 1천의 23

㉢ 원시취득(공유수면의 매립 또는 간척으로 인한 농지취득 제외) : 1천분의 28

㉣ 법령으로 정한 비영리사업자의 상속 외의 무상취득 : 1천분의 28

02 **정답 ①**

① 공유농지를 분할하는 경우 취득세 표준세율은 1천분의 23이다.

03 **정답 ⑤**

⑤ 유상거래를 원인으로 농지를 취득한 경우 : 3%

① 상속으로 건물(주택 아님)을 취득한 경우 : 2.8%

② 「사회복지사업법」에 따라 설립된 사회복지법인이 독지가의 기부에 의하여 건물을 취득한 경우 : 2.8%

③ 영리법인이 공유수면을 매립하여 농지를 취득한 경우 : 2.8%

④ 무주택자인 개인이 유상거래를 원인으로 「지방세법」 제10조에 따른 취득 당시의 가액이 7억5천만원인 주택(「주택법」에 의한 주택으로서 등기부에 주택으로 기재된 주거용 건축물과 그 부속토지)을 취득한 경우 :

$$(취득당시가액 \times \frac{2}{3억원} - 3) \times \frac{1}{100} = (7억5천만원 \times \frac{2}{3억원} - 3) \times \frac{1}{100} = 2\%$$

04 **정답 ①**

1. 옳은 것 : ㉠, ㉡

㉠ 상속으로 인한 농지의 취득 : 1천분의 23(지방세법 제11조 제1항 제1호 가목)

㉡ 법인의 합병으로 인한 농지 외의 토지 취득 : 1천분의 40(지방세법 제11조 5항)

2. 틀린 것 : ㉢, ㉣

㉢ 공유물의 분할로 인한 취득 : 1천분의 17 ⇨ 1천분의 23(지방세법 제11조 제1항 제5호)

㉣ 매매로 인한 농지 외의 토지 취득 : 1천분의 19 ⇨ 1천분의 40(지방세법 제11조 제1항 제7호 나목)

Answer　세율의 특례

01 정답 ⑤

⑤ ㉠, ㉢, ㉣

㉠ 환매등기를 병행하는 부동산의 매매로서 환매기간 내에 매도자가 환매한 경우의 그 매도자와 매수자의 취득 : 표준세율에서 중과기준세율을 뺀 세율

㉢ 「민법」 제839조의 2에 따라 이혼시 재산분할로 인한 취득 : 표준세율에서 중과기준세율을 뺀 세율

㉣ 등기부등본상 본인 지분을 초과하지 않는 공유물의 분할로 인한 취득 : 표준세율에서 중과기준세율을 뺀 세율

㉡ 존속기간이 1년을 초과하는 임시건축물의 취득 : 중과기준세율

Answer　과세표준과 세율

01 정답 ③

③ 환매등기를 병행하는 부동산의 매매로서 환매기간 내에 매도자가 환매한 경우의 그 매도자와 매수자의 취득에 대한 취득세는 표준세율에서 중과기준세율(1천분의 20)을 뺀 세율로 산출한 금액으로 한다.

Answer　취득세 부과·징수

01 정답 ⑤

⑤ 등기·등록관서의 장은 등기 또는 등록 후에 등록면허세가 납부되지 아니하였거나 납부부족액을 발견한 경우에는 다음 달 10일까지 납세지를 관할하는 시장·군수·구청장에게 통보하여야 한다(지방세법시행령 제50조).

① 상속으로 취득세 과세물건을 취득한 자는 상속개시일이 속하는 달의 말일부터 6개월(외국에 주소를 둔 상속인이 있는 경우에는 9개월) 이내에 과세표준과 세액을 신고·납부하여야 한다(지방세법 제20조 제1항).

② 취득세 과세물건을 취득한 후 중과세 대상이 되었을 때에는 중과세율을 적용하여 산출한 세액에서 이미 납부한 세액(가산세는 제외한다)을 공제한 금액을 세액으로 하여 신고·납부하여야 한다(지방세법 제20조 제2항).

③ 지목변경으로 인한 취득세 납세의무자가 신고를 하지 아니하고 매각하는 경우 산출세액에 100분의 80을 가산한 금액을 세액으로 하여 징수하는 중가산세를 적용하지 아니한다(지방세법시행령 제37조).

④ 등록을 하려는 자가 등록면허세 신고의무를 다하지 않고 산출세액을 등록 전까지 납부한 경우 지방세기본법에 따른 무신고가산세를 부과하지 아니한다(지방세법 제30조 제4항).

02 정답 ③

③ 신고·납부기한 이내에 재산권과 그 밖의 권리의 취득·이전에 관한 사항을 공부에 등기하거나 등록 (등재 포함)하려는 경우에는 등기 또는 등록 신청서를 등기·등록관서에 접수하는 날까지 취득세를 신고·납부하여야 한다(지방세법 제20조 제4항).

① 취득세의 징수는 <u>신고납부</u>의 방법으로 한다(지방세법 제18조).

② 상속으로 취득세 과세물건을 취득한 자는 <u>상속개시일이 속하는</u> 달의 말일부터 6개월 이내에 산출한 세액을 신고하고 납부하여야 한다(지방세법 제20조 제1항).

④ 취득세 과세물건을 취득한 후에 그 과세물건이 중과 세율의 적용대상이 되었을 때에는 중과 세율을 적용하여 산출한 세액에서 이미 납부한 세액(가산세는 제외한다)을 공제한 금액을 세액으로 하여 신고·납부하여야 한다(지방세법 제20조 제2항).

⑤ 법인의 취득당시가액을 증명할 수 있는 장부가 없는 경우 지방자치단체의 장은 그 산출된 세액의 100분의 10을 징수하여야 할 세액에 가산한다(지방세법 제22조의2 제2항).

Answer 　**취득세 비과세**

01 정답 ②

1. 취득세를 부과하는 경우 : ㉣ (1개)

㉣ 「주택법」에 따른 주택조합이 비조합원용 부동산을 취득하는 경우 : 취득세 과세

2. 취득세를 부과하지 않는 경우(= 비과세) : ㉠, ㉡, ㉢ (3개)

㉠ 위탁자로부터 수탁자에게 신탁재산을 이전하는 경우 : 취득세 비과세

㉡ 신탁의 종료로 인하여 수탁자로부터 위탁자에게 신탁재산을 이전하는 경우 : 취득세 비과세

㉢ 수탁자가 변경되어 신수탁자에게 신탁재산을 이전하는 경우 : 취득세 비과세

02 정답 ①

① 「주택법」에 따른 공동주택의 개수(「건축법」에 따른 대수선 제외)로 인한 취득 중 개수로 인한 취득 당시 주택의 시가표준액이 9억원 이하인 경우에 대해서는 취득세를 부과하지 아니한다.

Answer 취득세 종합문제

01 정답 ④

④ 무상승계취득한 취득물건을 취득일에 <u>등기·등록하지 아니하고</u> 화해조서·인낙조서에 의하여 취득일부터 취득일이 속하는 달의 말일부터 3개월 이내에 <u>계약이 해제된 사실을 입증하는 경우</u>에는 <u>취득한 것으로 보지 아니한다.</u>

02 정답 ⑤

① 국가 및 외국정부의 취득에 대해서는 취득세를 부과하지 아니한다(지방세법 제9조 제1항).

② 토지의 지목변경에 따른 취득은 토지의 지목이 사실상 변경된 날과 공부상 변경된 날 중 빠른 날을 취득일로 본다. 다만, 토지의 지목변경일 이전에 사용하는 부분에 대해서는 그 사실상의 사용일을 취득일로 본다(지방세법시행령 제20조 제10항).

③ 국가가 취득세 과세물건을 매각하면 매각일부터 30일 이내에 지방자치단체의 장에게 신고하여야 한다(지방세법 제19조).

④ 상속에 따른 무상취득의 경우 시가표준액을 취득당시가액으로 한다.

03 정답 ②

② 취득세 과세물건을 취득한 후에 그 과세물건이 중과세율의 적용대상이 되었을 때에는 취득한 날부터 60일 이내에 중과세율을 적용하여 산출한 세액에서 이미 납부한 세액(<u>가산세 제외</u>)을 공제한 금액을 신고하고 납부하여야 한다.

04 정답 ①

② 세대별 소유주택 수에 따른 중과 세율을 적용함에 있어 주택으로 재산세를 과세하는 오피스텔(2025년 취득)은 해당 오피스텔을 소유한 자의 주택 수에 <u>가산한다</u>(지방세법 제13조의3 제4호).

③ 납세의무자가 토지의 지목을 사실상 변경한 후 산출세액에 대한 신고를 하지 아니하고 그 토지를 매각하는 경우에는 산출세액에 100분의 80을 가산한 금액을 세액으로 하여 <u>징수하지 아니한다</u>(지방세법 제21조 제2항, 지방세법시행령 제37조 제3호).

④ 임시흥행장, 공사현장사무소 등(제13조 제5항에 따른 과세대상은 제외한다) 임시건축물의 취득에 대하여는 취득세를 부과하지 아니한다. 다만, <u>존속기간이 1년을 초과하는 경우</u>에는 취득세를 <u>부과한다</u>(지방세법 제9조 제6항).

⑤ 토지를 취득한 자가 취득한 날부터 1년 이내에 그에 인접한 토지를 취득한 경우 그 취득가액이 100만원일 때에는 취득세를 <u>부과한다</u>(지방세법 제17조 제1항, 제2항).

05 정답 ②

② 「도시개발법」에 따른 환지방식에 의한 도시개발사업의 시행으로 토지의 지목이 사실상 변경됨으로써 그 가액이 증가한 경우에는 그 환지계획에 따라 공급되는 환지는 조합원이, 체비지 또는 보류지는 사업시행자가 각각 취득한 것으로 본다(지방세법 제7조 제4항).

06 정답 ③

③ 국가에 귀속의 반대급부로 영리법인이 국가 소유의 부동산을 무상으로 양여받는 경우에는 취득세를 부과한다(지방세법 제9조 제2항 제2호).

Answer | 취득세와 등록면허세

01 정답 ⑤

① 취득세 과세물건을 취득한 후 중과세 세율 적용대상이 되었을 경우 60일 이내에 산출세액에서 이미 납부한 세액(가산세는 제외)을 공제하여 신고·납부하여야 한다.

② 취득세 과세물건을 취득한 자가 재산권의 취득에 관한 사항을 등기하는 경우 등기를 하기 전까지 취득세를 신고·납부하여야 한다.

③ 상속에 따른 건축물 무상취득의 경우에는 「지방세법」 제4조에 따른 시가표준액을 취득당시가액으로 한다.

④ 부동산가압류에 대한 등록면허세의 세율은 채권금액의 1천분의 2로 한다.

02 정답 ⑤

⑤ 등기·등록관서의 장은 등기 또는 등록 후에 등록면허세가 납부되지 아니하였거나 납부부족액을 발견한 경우에는 다음 달 10일까지 납세지를 관할하는 시장·군수·구청장에게 통보하여야 한다(지방세법시행령 제50조).

① 상속으로 취득세 과세물건을 취득한 자는 상속개시일이 속하는 달의 말일부터 6개월(외국에 주소를 둔 상속인이 있는 경우에는 9개월) 이내에 과세표준과 세액을 신고·납부하여야 한다(지방세법 제20조 제1항).

② 취득세 과세물건을 취득한 후 중과세 대상이 되었을 때에는 중과세율을 적용하여 산출한 세액에서 이미 납부한 세액(가산세는 제외한다)을 공제한 금액을 세액으로 하여 신고·납부하여야 한다(지방세법 제20조 제2항).

③ 지목변경으로 인한 취득세 납세의무자가 신고를 하지 아니하고 매각하는 경우 산출세액에 100분의 80을 가산한 금액을 세액으로 하여 징수하는 중가산세를 적용하지 아니한다(지방세법시행령 제37조).

④ 등록을 하려는 자가 등록면허세 신고의무를 다하지 않고 산출세액을 등록 전까지 납부한 경우 지방세기본법에 따른 무신고가산세를 부과하지 아니한다(지방세법 제30조 제4항).

Chapter 04 등록면허세

Answer 등록면허세 세율

01 정답 ④

④ 임차권 설정 및 이전등기 : 월 임대차금액의 1천분의 2

02 정답 ②

② 가처분 : 채권금액의 1천분의 2(지방세법 제28조 제1항)

Answer 등록면허세 종합문제

01 정답 ④

① 부동산 등기에 대한 등록면허세 납세지는 부동산 소유자의 주소지가 아니라 부동산 소재지이다.

② 등록을 하려는 자가 신고의무를 다하지 않은 경우 등록면허세 산출세액을 등록하기 전까지 납부하였을 때에는 신고·납부한 것으로 보며, 이 경우 무신고가산세를 부과하지 아니한다.

③ 상속으로 인한 소유권 이전 등기의 세율은 부동산 가액의 1천분의 8로 한다.

⑤ 대도시 밖에 있는 법인의 본점이나 주사무소를 대도시로 전입함에 따른 등기는 법인등기에 대한 세율의 100분의 300을 적용한다.

02 정답 ②

② 대도시에서 법인을 설립함에 따른 등기를 할 때에는 그 등록면허세의 세율을 해당 표준세율의 100분의 300으로 한다. 다만, 대도시에 설치가 불가피하다고 인정되는 업종으로서 대통령령으로 정하는 업종("대도시 중과 제외 업종"이라 한다)에 대해서는 그러하지 아니하다(지방세법 제28조 제2항). 「여신전문금융업법」 제2조 제12호에 따른 할부금융업은 대도시 중과 제외 업종에 해당하여 등록면허세 중과세를 적용하지 아니한다(지방세법 시행령 제26조 제1항 제23호).

03 정답 ⑤

⑤ 계약상의 잔금지급일을 2019년 12월 1일로 하는 부동산(취득가액 1억원)의 소유권이전등기 : 취득세 과세

① 광업권의 취득에 따른 등록 : 등록면허세 과세

② 외국인 소유의 선박을 직접 사용하기 위하여 연부취득 조건으로 수입하는 선박의 등록 : 등록면허세 과세

③ 취득세 부과제척기간이 경과한 주택의 등기 : 등록면허세 과세

④ 취득가액이 50만원 이하인 차량의 등록 : 등록면허세 과세

> **지방세법 제23조【정 의】** 등록면허세에서 사용하는 용어의 뜻은 다음과 같다.
> 1. "등록"이란 재산권과 그 밖의 권리의 설정·변경 또는 소멸에 관한 사항을 공부에 등기하거나 등록하는 것을 말한다. 다만, 제2장에 따른 취득을 원인으로 이루어지는 등기 또는 등록은 제외하되, 다음 각 목의 어느 하나에 해당하는 등기나 등록은 포함한다.
>   가. 광업권 및 어업권의 취득에 따른 등록
>   나. 제15조 제2항 제4호에 따른 외국인 소유의 취득세 과세대상 물건(차량, 기계장비, 항공기 및 선박만 해당한다)의 연부 취득에 따른 등기 또는 등록
>   다. 「지방세기본법」 제38조에 따른 취득세 부과제척기간이 경과한 물건의 등기 또는 등록
>   라. 제17조(면세점)에 해당하는 물건의 등기 또는 등록

04 정답 ②

② 부동산소재지와 乙의 주소지가 다른 경우 등록면허세의 납세지는 부동산소재지이다.

05 정답 ②

② 등록을 하려는 자가 법정신고기한까지 등록면허세 산출세액을 신고하지 않은 경우로서 등록 전까지 그 산출세액을 납부하였을 때에는 신고를 하고 납부한 것으로 보며 「지방세기본법」에 따른 무신고가산세를 부과하지 아니한다.

06 정답 ⑤

① 지방자치단체의 장은 등록면허세의 세율을 표준세율의 100분의 50의 범위에서 가감할 수 있다(지방세법 제28조 제6항).

② 등록 당시에 감가상각의 사유로 가액이 달라진 경우에는 변경된 가액을 과세표준으로 한다(지방세법 제27조 제3항).

③ 부동산 등록에 대한 신고가 없는 경우 등록 당시 시가표준액을 과세표준으로 한다(지방세법 제27조 제2항).

④ 지목이 묘지인 토지의 등록에 대하여 등록면허세를 부과하지 아니한다(지방세법 제26조 제2항 제3호).

07 정답 ④

① 과세표준은 <u>3억원</u>이다.

② 표준세율은 전세보증금의 <u>1천분의 2</u>이다.

③ 납부세액은 <u>600,000원</u>이다(3억원 × 1천분의 2).

⑤ 납세지는 <u>부동산 소재지</u>이다.

08 정답 ④

④ 특별징수의무자가 징수하였거나 징수할 세액을 제1항 또는 제2항에 따른 기한까지 납부하지 아니하거나 부족하게 납부하더라도 특별징수의무자에게「지방세기본법」제56조에 따른 가산세(특별징수 납부지연가산세)는 부과하지 아니한다(지방세법 제31조 제4항).

09 정답 ④

④ 대한민국 정부기관의 등록에 대하여 과세하는 외국정부의 등록의 경우에는 등록면허세를 부과한다(지방세법 제26조 제1항 단서).

10 정답 ④

④ 부동산의 등록에 대한 등록면허세의 과세표준은 등록자가 신고한 당시의 가액으로 하고, 신고가 없거나 신고가액이 시가표준액보다 <u>적은 경우</u>에는 시가표준액으로 한다.

Answer 취득세와 등록면허세

01 정답 ⑤

① 취득세 과세물건을 취득한 후 중과세 세율 적용대상이 되었을 경우 60일 이내에 산출세액에서 이미 납부한 세액(가산세는 <u>제외</u>)을 공제하여 신고·납부하여야 한다.

② 취득세 과세물건을 취득한 자가 재산권의 취득에 관한 사항을 등기하는 경우 <u>등기를 하기 전까지</u> 취득세를 신고·납부하여야 한다.

③ 상속에 따른 건축물 무상취득의 경우에는「지방세법」제4조에 따른 <u>시가표준액</u>을 취득당시가액으로 한다.

④ 부동산가압류에 대한 등록면허세의 세율은 <u>채권금액</u>의 1천분의 2로 한다.

02 정답 ⑤

⑤ 등기·등록관서의 장은 등기 또는 등록 후에 등록면허세가 납부되지 아니하였거나 납부부족액을 발견한 경우에는 <u>다음 달 10일까지</u> 납세지를 관할하는 시장·군수·구청장에게 통보하여야 한다(지방세법시행령 제50조).

① 상속으로 취득세 과세물건을 취득한 자는 <u>상속개시일이 속하는</u> 달의 말일부터 6개월(외국에 주소를 둔 상속인이 있는 경우에는 9개월) 이내에 과세표준과 세액을 신고·납부하여야 한다(지방세법 제20조 제1항).

② 취득세 과세물건을 취득한 후 중과세 대상이 되었을 때에는 <u>중과세율을 적용하여</u> 산출한 세액에서 이미 납부한 세액(<u>가산세는 제외한다</u>)을 공제한 금액을 세액으로 하여 신고·납부하여야 한다(지방세법 제20조 제2항).

③ <u>지목변경</u>으로 인한 취득세 납세의무자가 신고를 하지 아니하고 매각하는 경우 산출세액에 100분의 80을 가산한 금액을 세액으로 하여 징수하는 <u>중가산세를 적용하지 아니한다</u>(지방세법시행령 제37조).

④ 등록을 하려는 자가 등록면허세 신고의무를 다하지 않고 산출세액을 등록 전까지 납부한 경우 지방세기본법에 따른 <u>무신고가산세를 부과하지 아니한다</u>(지방세법 제30조 제4항).

Answer 재산세 과세대상

01 정답 ⑤

옳은 것 : ㉠, ㉡, ㉢

> **지방세법 제106조【과세대상의 구분 등】**② 주거용과 주거 외의 용도를 겸하는 건물 등에서 주택의 범위를 구분하는
> 방법, 주택 부속토지의 범위 산정은 다음 각 호에서 정하는 바에 따른다.
> 1. 1동(棟)의 건물이 주거와 주거 외의 용도로 사용되고 있는 경우에는 주거용으로 사용되는 부분만을 주택으로 본
>   다. 이 경우 건물의 부속토지는 주거와 주거 외의 용도로 사용되는 건물의 면적비율에 따라 각각 안분하여 주택의
>   부속토지와 건축물의 부속토지로 구분한다.
> 2. 1구(構)의 건물이 주거와 주거 외의 용도로 사용되고 있는 경우에는 주거용으로 사용되는 면적이 전체의 100분의
>   50 이상인 경우에는 주택으로 본다.
> 2의2. 건축물에서 허가 등이나 사용승인(임시사용승인을 포함한다. 이하 이 항에서 같다)을 받지 아니하고 주거용으
>   로 사용하는 면적이 전체 건축물 면적(허가 등이나 사용승인을 받은 면적을 포함한다)의 100분의 50 이상인 경우
>   에는 그 건축물 전체를 주택으로 보지 아니하고, 그 부속토지는 제1항 제1호에 해당하는 토지로 본다.
> 3. 주택 부속토지의 경계가 명백하지 아니한 경우 주택 부속토지의 범위 산정에 필요한 사항은 대통령령으로 정한다.
>
> **지방세법시행령 제105조【주택부속토지의 범위 산정】**법 제106조 제2항 제3호에 따라 주택의 부속토지의 경계가 명
> 백하지 아니한 경우에는 그 주택의 바닥면적의 10배에 해당하는 토지를 주택의 부속토지로 한다.

Answer 토지의 과세대상 구분

01 정답 ③

③ 「건축법」 등 관계 법령에 따라 허가 등을 받아야 할 건축물로서 허가 등을 받지 아니한 공장용 건축물의 부속
토지 : 0.2%~0.5% 종합합산과세대상

① 「문화유산의 보존 및 활용에 관한 법률」에 따른 지정문화유산 안의 임야 : 0.07% 저율분리과세대상

② 국가가 국방상의 목적 외에는 그 사용 및 처분 등을 제한하는 공장 구내의 토지 : 0.2% 저율분리과세대상

④ 「자연공원법」에 따라 지정된 공원자연환경지구의 임야 : 0.07% 저율분리과세대상

⑤ 「개발제한구역의 지정 및 관리에 관한 특별조치법」에 따른 개발제한구역의 임야(1989년 12월 31일 이전부터
소유) : 0.07% 저율분리과세대상

Answer | 재산세 세율

01 정답 ③

③ 과세표준 20억원인 분리과세대상 목장용지 : <u>1,000분의 0.7 (0.07%)</u>

① 과세표준 5천만원인 종합합산과세대상 토지 : 1,000분의 2 (0.2%)

② 과세표준 2억원인 별도합산과세대상 토지 : 1,000분의 2 (0.2%)

④ 과세표준 6천만원인 주택(법령으로 정하는 1세대 1주택 아님) : 1,000분의 1 (0.1%)

⑤ 과세표준 10억원인 분리과세대상 공장용지 : 1,000분의 2 (0.2%)

02 정답 ④

④ 납세의무자가 해당 지방자치단체 관할구역에 2개 이상의 주택을 소유하고 있는 경우 그 주택의 가액을 모두 합한 금액을 과세표준으로 하지 않고 <u>독립된 매1구의 주택 가액을 각각의 과세표준으로 하여</u> 주택의 세율을 적용한다(주택 ⇨ 개별과세).

03 정답 ③

③ ㉠, ㉢

㉠ 별도합산과세대상 토지 : 0.2~0.4% 3단계 초과누진세율

㉢ 주택(법령으로 정하는 1세대 1주택 아님) : 0.1~0.4% 4단계 초과누진세율

㉡ 분리과세대상 토지 : 0.07%, 0.2%, 4% 비례세율

㉢ 광역시(군 지역은 제외) 지역에서 「국토의 계획 및 이용에 관한 법률」과 그 밖의 관계 법령에 따라 지정된 주거지역의 대통령령으로 정하는 공장용 건축물 : 0.5% 비례세율

04 정답 ④

④ 과세표준이 5억원인 「수도권정비계획법」에 따른 과밀억제권역 외의 읍·면 지역의 공장용 건축물 : 1천분의 2.5

① 과세표준이 5천만원인 종합합산과세대상 토지 : 1,000분의 2

② 과세표준이 2억원인 별도합산과세대상 토지 : 1,000분의 2

③ 과세표준이 1억원인 광역시의 군지역에서 「농지법」에 따른 농업법인이 소유하는 농지로서 과세기준일 현재 실제 영농에 사용되고 있는 농지 : 1천분의 0.7

⑤ 과세표준이 1억 5천만원인 주택(법령으로 정하는 1세대 1주택 아님) : 60,000원 + 6천만원 초과금액의 1,000분의 1.5

05 정답 ⑤

⑤ 지방자치단체의 장은 특별한 재정수요나 재해 등의 발생으로 재산세의 세율 조정이 불가피하다고 인정되는 경우 조례로 정하는 바에 따라 표준세율의 100분의 50의 범위에서 가감할 수 있다. 다만, 가감한 세율은 <u>해당 연도에만</u> 적용한다(지방세법 제111조 제3항).

Answer 재산세 과세표준과 세율

01 정답 ③

③ 토지에 대한 과세표준은 <u>시가표준액에 공정시장가액비율을 곱하여 산정한 가액</u>으로 한다.

02 정답 ④

1. 옳은 것 : ⓒ, ⓒ
2. 틀린 것 : ⓒ

ⓒ 지방자치단체의 장은 조례로 정하는 바에 따라 표준세율의 100분의 50의 범위에서 가감할 수 있으며, 가감한 세율은 <u>해당 연도에만</u> 적용한다(지방세법 제111조 제3항).

Answer 재산세 납세의무자

01 정답 ④

④ ⓒ, ⓒ, ⓒ

ⓒ 5월 31일에 재산세 과세대상 재산의 매매잔금을 수령하고 소유권이전등기를 한 매도인 : 재산세 과세기준일(6월 1일) 현재 사실상 소유자는 매수인이므로 재산세 납세의무자는 <u>매수인</u>이 된다.

ⓒ 신탁법에 따라 위탁자별로 구분되어 수탁자 명의로 등기·등록된 <u>신탁재산</u>의 수탁자 : 「신탁법」에 따라 수탁자 명의로 등기·등록된 신탁재산의 경우 그 <u>위탁자</u>가 재산세 납세의무자가 된다.

ⓒ 도시환경정비사업시행에 따른 환지계획에서 일정한 토지를 환지로 정하지 아니하고 <u>체비지</u>로 정한 경우 종전 토지소유자 : 「도시개발법」에 따라 시행하는 환지(換地) 방식에 의한 도시개발사업 및 「도시 및 주거환경정비법」에 따른 정비사업(재개발사업만 해당한다)의 시행에 따른 환지계획에서 일정한 토지를 환지로 정하지 아니하고 체비지 또는 보류지로 정한 경우에는 <u>사업시행자</u>가 재산세 납세의무자가 된다.

ⓒ <u>공유물 분할등기가 이루어지지 아니한 공유토지의 <u>지분권자</u> : 공유재산인 경우 그 지분에 해당하는 부분(지분의 표시가 없는 경우에는 지분이 균등한 것으로 본다)에 대해서는 그 지분권자가 재산세 납세의무자가 된다.

02 정답 ⑤

⑤ 상속이 개시된 재산으로서 상속등기가 이행되지 아니하고 사실상의 소유자를 신고하지 아니하였을 때에는 행정안전부령으로 정하는 <u>주된</u> 상속자는 재산세를 납부할 의무가 있다.

03 정답 ①

② 토지에 대한 재산세 과세대상은 종합합산과세대상, 별도합산과세대상 및 분리과세대상으로 구분한다. 주택은 별도의 재산세 과세대상이다(지방세법 제106조 제1항).

③ 국가가 선수금을 받아 조성하는 매매용 토지로서 사실상 조성이 완료된 토지의 사용권을 무상으로 받은 자는 재산세를 납부할 의무가 있다(지방세법시행령 제106조 제2항).

④ 주택 부속토지의 경계가 명백하지 아니한 경우 그 주택의 바닥면적의 10배에 해당하는 토지를 주택의 부속토지로 한다(지방세법시행령 제105조).

⑤ 재산세 과세대상인 건축물의 범위에는 주택을 포함하지 아니한다(지방세법 제105조).

04 정답 ①

① 공부상에 개인 등의 명의로 등재되어 있는 사실상의 종중재산으로서 종중소유임을 신고하지 아니하였을 경우 : 공부상 소유자(지방세법 제107조 제2항 제3호)

Answer | **재산세 부과 · 징수**

01 정답 ①

① 해당 연도에 주택에 부과할 세액이 20만원 이하인 경우에는 조례로 정하는 바에 따라 납기를 7월 16일부터 7월 31일까지로 하여 한꺼번에 부과 · 징수한다. 해당 연도에 부과할 세액이 20만원 초과인 경우 주택에 대한 재산세의 납기는 징수할 세액의 2분의 1은 매년 7월 16일부터 7월 31일까지, 나머지 2분의 1은 9월 16일부터 9월 30일까지이다.

02 정답 ⑤

⑤ 물납 신청 후 불허가 통지를 받은 경우에 해당 시 · 군 · 구의 다른 부동산으로의 변경신청은 허용된다.

> 지방세법 시행령 제114조【관리처분이 부적당한 부동산의 처리】② 시장 · 군수 · 구청장은 불허가 통지를 받은 납세의무자가 그 통지를 받은 날부터 10일 이내에 해당 시 · 군 · 구의 관할구역에 있는 부동산으로서 관리 · 처분이 가능한 다른 부동산으로 변경 신청하는 경우에는 변경하여 허가할 수 있다.

03 정답 ④

④ 주택분 재산세로서 해당 연도에 부과할 세액이 20만원 이하인 경우에는 조례로 정하는 바에 따라 납기를 7월 16일부터 7월 31일까지로 하여 한꺼번에 부과 · 징수할 수 있다.

04 정답 ③

1. 옳은 것: ㉠, ㉢
2. 틀린 것: ㉡, ㉣

㉡ <u>토지</u>의 재산세 납기는 매년 <u>9월 16일부터 9월 30일까지</u>이다(지방세법 제115조 제1항 제1호).

㉣ 재산세는 관할지방자치단체의 장이 세액을 산정하여 <u>보통징수</u>의 방법으로 부과ㆍ징수한다(지방세법 제116조 제1항).

05 정답 ①

① 주택에 대한 재산세의 경우 해당 연도에 부과ㆍ징수할 세액의 2분의 1은 매년 7월 16일부터 7월 31일까지, 나머지 2분의 1은 9월 16일부터 9월 30일까지를 납기로 한다. 다만, 해당 연도에 부과할 세액이 20만원 이하인 경우에는 조례로 정하는 바에 따라 납기를 <u>7월 16일부터 7월 31일까지</u>로 하여 한꺼번에 부과ㆍ징수할 수 있다(지방세법 제115조 제1항 제3호).

06 정답 ③

1. 옳은 것: ㉠, ㉡
2. 틀린 것: ㉢

㉢ 물납을 허가하는 부동산의 가액은 <u>재산세 과세기준일</u> 현재의 시가로 한다(지방세법시행령 제115조 제1항).

Answer 재산세 비과세

01 정답 ②

② 재산세를 부과하는 해당 연도에 철거하기로 계획이 확정되어 재산세 과세기준일 현재 행정관청으로부터 철거명령을 받은 주택에 대해서는 건축물 부분만 재산세를 비과세한다. 그 부속토지인 대지는 재산세가 과세된다.

> **지방세법 제109조【비과세】** ③ 5. 행정기관으로부터 철거명령을 받은 건축물 등 재산세를 부과하는 것이 적절하지 아니한 건축물 또는 주택(「건축법」 제2조 제1항 제2호에 따른 건축물 부분으로 한정한다)으로서 대통령령으로 정하는 것에 대하여는 재산세를 부과하지 아니한다.

02 정답 ⑤

⑤ 「산림자원의 조성 및 관리에 관한 법률」에 따라 지정된 채종림ㆍ시험림은 재산세 비과세 대상에 해당한다.

Answer 재산세 종합문제

01 정답 ⑤

① 과세기준일은 매년 6월 1일이다.

② 주택의 정기분 납부세액이 50만원인 경우 세액의 2분의 1은 7월 16일부터 7월 31일까지, 나머지는 9월 16일부터 9월 30일까지를 납기로 한다.

③ 토지의 정기분 납부세액이 9만원인 경우 조례에 따라 납기를 9월 16일부터 9월 30일까지로 하여 한꺼번에 부과·징수할 수 있다.

④ 과세기준일 현재 공부상의 소유자가 매매로 소유권이 변동되었는데도 신고하지 아니하여 사실상의 소유자를 알 수 없는 경우 그 공부상의 소유자에게 재산세 납부의무가 있다.

02 정답 ④

① 건축물에 대한 재산세의 납기는 매년 7월 16일에서 7월 31일이다.

② 재산세의 과세대상 물건이 공부상 등재 현황과 사실상의 현황이 다른 경우에는 사실상 현황에 따라 재산세를 부과한다.

③ 주택에 대한 재산세는 납세의무자별로 해당 지방자치단체의 관할구역에 있는 주택의 과세표준을 합산하지 않고 주택별로 주택의 세율을 적용한다.

⑤ 주택(법령으로 정하는 1세대 1주택 아님)에 대한 재산세의 과세표준은 시가표준액의 100분의 60으로 한다.

03 정답 ③

③ 재산세 물납신청을 받은 시장·군수·구청장이 물납을 허가하는 경우 물납을 허가하는 부동산의 가액은 재산세 과세기준일 현재의 시가로 한다.

04 정답 ②

② 지방자치단체가 1년 이상 공용으로 사용하는 재산에 대하여는 소유권의 유상이전을 약정한 경우로서 그 재산을 취득하기 전에 미리 사용하는 경우 재산세를 부과한다.

> **지방세법 제109조【비과세】** ② 국가, 지방자치단체 또는 지방자치단체조합이 1년 이상 공용 또는 공공용으로 사용(1년 이상 사용할 것이 계약서 등에 의하여 입증되는 경우를 포함한다)하는 재산에 대하여는 재산세를 부과하지 아니한다. 다만, 다음 각 호의 어느 하나에 해당하는 경우에는 재산세를 부과한다.
> 1. 유료로 사용하는 경우
> 2. 소유권의 유상이전을 약정한 경우로서 그 재산을 취득하기 전에 미리 사용하는 경우

05 정답 ②

① 특별시 지역에서 「국토의 계획 및 이용에 관한 법률」에 따라 지정된 주거지역의 대통령령으로 정하는 공장용 건축물의 표준세율은 비례세율(1천분의 5)이다(지방세법 제111조 제1항 제2호 나목).

③ 주택의 토지와 건물 소유자가 다를 경우 해당 주택에 대한 세율을 적용할 때 해당 주택의 토지와 건물의 가액을 합산한 과세표준에 세율을 적용한다(지방세법 제113조 제3항).

④ 주택의 재산세로서 해당 연도에 부과할 세액이 20만원 이하인 경우에는 납기를 7월 16일부터 7월 31일까지로 하여 한꺼번에 부과·징수할 수 있다(지방세법 제115조 제1항 제3호).

⑤ 지방자치단체의 장은 과세대상의 누락으로 이미 부과한 재산세액을 변경하여야 할 사유가 발생하여도 수시로 부과·징수할 수 있다(지방세법 제115조 제2항).

Answer 재산세와 종합부동산세

01 정답 ④

④ 재산세에서 주택의 경우에는 세 부담의 상한을 적용하지 아니한다(지방세법 제122조).

02 정답 ③

③ 甲의 주택분 종합부동산세액의 결정세액은 주택분 종합부동산세액에서 '(주택의 공시가격 합산액 − 9억원) × 종합부동산세 공정시장가액비율 × 재산세 공정시장가액비율 × 재산세 표준세율'의 산식에 따라 산정한 재산세액을 공제하여 계산한다(종합부동산세법시행령 제4조의3 제1항).

Answer 종합부동산세 과세대상

01 정답 ⑤

⑤ ㉡, ㉢, ㉣

㉡ 국내에 있는 부부공동명의(지분비율이 동일함)로 된 1세대 1주택의 공시가격이 10억원인 경우 : 종합부동산세는 세대별 합산이 아닌 소유자별 합산이다. 따라서 부부공동명의 재산은 합산하지 아니한다. 남편의 지분에 해당하는 것은 2분의 1이므로 공시가격 5억원으로 종합부동산세 과세대상이 아니다. 부인의 지분에 해당하는 것은 2분의 1이므로 공시가격 5억원으로 종합부동산세 과세대상이 아니다.

㉢ 공장용 건축물 : 건축물은 종합부동산세 과세대상이 아니다.

㉣ 회원제 골프장용 토지(회원제 골프장업의 등록시 구분등록의 대상이 되는 토지)의 공시가격이 100억원인 경우 : 고율분리과세대상으로 종합부동산세 과세대상이 아니다.

㉠ 여객자동차운송사업 면허를 받은 자가 그 면허에 따라 사용하는 차고용 토지(자동차운송사업의 최저보유차고면적기준의 1.5배에 해당하는 면적 이내의 토지)의 공시가격이 100억원인 경우 : 별도합산과세대상으로 공시가격을 합한 금액이 80억원을 초과하므로 종합부동산세 과세대상이 된다.

Answer 종합부동산세 종합문제

01 정답 ⑤

① 과세기준일 현재 주택의 공시가격을 합산한 금액이 9억원을 초과하는 자는 납세의무가 있다.

② 과세기준일은 6월 1일이다.

③ 납세의무자가 2주택 이하를 소유한 경우 주택에 대한 과세표준이 3억원인 경우 적용될 세율은 1천분의 5이다.

④ 종합부동산세의 물납 규정을 폐지되었다.

02 정답 ④

④ 주택분 종합부동산세액에서 공제되는 재산세액은 재산세 표준세율의 100분의 50의 범위에서 가감된 세율이 적용된 경우에는 그 세율이 <u>적용된 세액</u>으로 하고, 재산세 세부담 상한을 적용받은 경우에는 그 상한을 <u>적용받은 세액</u>으로 한다.

> **종합부동산세법 제9조【세율 및 세액】** ③ 주택분 과세표준 금액에 대하여 해당 과세대상주택의 주택분 재산세로 부과된 세액(「지방세법」에 따라 가감조정된 세율이 적용된 경우에는 그 세율이 <u>적용된 세액</u>, 같은법에 따라 세부담 상한을 적용받은 경우에는 그 상한을 <u>적용받은 세액</u>을 말한다)은 주택분 종합부동산세액에서 이를 공제한다.

03 정답 ④

④ 납세의무자는 선택에 따라 신고·납부할 수 있으나, 신고를 함에 있어 납부세액을 과소하게 신고한 경우에는 <u>과소신고가산세가 적용된다</u>(국세기본법 제47조의3 제1항).

04 정답 ①

① 「자연공원법」에 따라 지정된 공원자연환경지구의 임야는 재산세에서 저율분리과세대상에 해당하므로 종합부동산세 과세대상이 아니다.

05 정답 ④

④ 종합합산과세대상 토지의 재산세로 부과된 세액이 세부담상한을 적용받는 경우 그 상한을 <u>적용받은 세액</u>을 종합합산과세대상 토지분 종합부동산세액에서 공제한다(종합부동산세법 제14조 제3항).

06 정답 ②

① 과세기준일 현재 세대원 중 1인과 그 배우자만이 공동으로 1주택을 소유하고 해당 세대원 및 다른 세대원이 다른 주택을 소유하지 아니한 경우 <u>신청한 경우에 한하여</u> 공동명의 1주택자를 해당 1주택에 대한 납세의무자로 한다(종합부동산세법 제10조의2 제2항).

③ 1세대가 일반 주택과 합산배제 신고한 임대주택을 각각 1채씩 소유한 경우 <u>해당 일반 주택에 그 주택 소유자가 과세기준일 현재 그 주택에 주민등록이 되어 있고 실제로 거주하고 있는 경우에 한정하여</u> 1세대 1주택자에 해당한다(종합부동산세법시행령 제2조의3 제2항).

④ 1세대 1주택자는 주택의 <u>공시가격을 합산한 금액에서 12억원을 공제</u>한 금액에 공정시장가액비율을 곱한 금액을 과세표준으로 한다(종합부동산세법 제8조 제1항).

⑤ 1세대 1주택자에 대하여는 주택분 종합부동산세 산출세액에서 소유자의 연령과 주택 보유기간에 따른 공제액을 공제율 합계 100분의 80의 범위에서 중복하여 공제한다(종합부동산세법 제9조 제5항).

07 정답 ③

③ 종합부동산세의 물납은 허용되지 않는다[종합부동산세 물납 폐지(2016.03.02)].

① 재산세 과세대상 중 분리과세대상 토지는 종합부동산세 과세대상이 아니다.

② 종합부동산세의 분납은 허용되고 있다.

④ 납세자에게 부정행위가 없으며 특례제척기간에 해당하지 않는 경우 원칙적으로 납세의무 성립일부터 5년이 지나면 종합부동산세를 부과할 수 없다.

⑤ 별도합산과세대상인 토지의 재산세로 부과된 세액이 세부담 상한을 적용받는 경우 그 상한을 적용받은 세액을 별도합산과세대상 토지분 종합부동산세액에서 공제한다.

08 정답 ⑤

⑤ 과세기준일 현재 주택분 재산세의 납세의무자는 종합부동산세를 납부할 의무가 있다(종합부동산세법 제7조 제1항).

① 납세의무자가 법인이며 3주택 이상을 소유한 경우 소유한 주택 수에 따라 과세표준에 1천분의 50(5%)의 세율을 적용하여 계산한 금액을 주택분 종합부동산세액으로 한다(종합부동산세법 제9조 제2항 제2호).

② 납세의무자가 법인으로 보지 않는 단체인 경우 주택에 대한 종합부동산세 납세지는 소득세법 제6조의 규정(거주자의 소득세 납세지는 그 주소지로 한다)을 준용하여 납세지를 정한다(종합부동산세법 제4조 제1항).

③ 과세표준 합산의 대상에 포함되지 않는 주택을 보유한 납세의무자는 해당 연도 9월 16일부터 9월 30일까지 관할세무서장에게 해당 주택의 보유현황을 신고하여야 한다(종합부동산세법 제8조 제3항).

④ 종합부동산세 과세대상 1세대 1주택자로서 과세기준일 현재 해당 주택을 12년 보유한 자의 보유기간별 세액공제에 적용되는 공제율은 100분의 40이다(종합부동산세법 제9조 제8항).

09 정답 ④

④ 종합부동산세를 신고납부방식으로 납부하고자 하는 납세의무자는 종합부동산세의 과세표준과 세액을 해당 연도 12월 1일부터 12월 15일까지 관할세무서장에게 신고하여야 한다(종합부동산세법 제16조 제3항).

① 종합합산과세대상인 토지에 대한 종합부동산세의 세액은 과세표준에 1%~3%의 세율을 적용하여 계산한 금액으로 한다(종합부동산세법 제14조 제1항).

② 종합부동산세로 납부해야 할 세액이 250만원을 초과하는 경우 관할세무서장은 그 세액의 일부를 납부기한이 지난 날부터 6개월 이내에 분납하게 할 수 있다(종합부동산세법 제20조).

③ 관할세무서장은 종합부동산세를 징수하려면 납부고지서에 주택 및 토지로 구분한 과세표준과 세액을 기재하여 납부기간 개시 5일 전까지 발급하여야 한다(종합부동산세법 제16조 제2항).

⑤ 별도합산과세대상인 토지에 대한 종합부동산세의 세액은 과세표준에 0.5%~0.7%의 세율을 적용하여 계산한 금액으로 한다(종합부동산세법 제14조 제4항).

10 정답 ④

④ 혼인함으로써 1세대를 구성하는 경우에는 <u>혼인한 날부터 5년 동안은</u> 제1항에도 불구하고 주택 또는 토지를 소유하는 자와 그 혼인한 자별로 <u>각각 1세대로 본다</u>(종합부동산세법시행령 제1조의 2 제4항). 따라서 혼인으로 인한 1세대 2주택의 경우 납세의무자가 해당 연도 9월 16일부터 9월 30일까지 관할세무서 장에게 <u>합산배제를 신청하지 않더라도 1세대 1주택자로 본다.</u>

11 정답 ②

② 종합부동산세를 신고납부방식으로 납부하고자 하는 납세의무자는 종합부동산세의 과세표준과 세액을 관할세무서장이 결정하기 전인 해당 연도 <u>12월 1일부터 12월 15일까지</u> 관할세무서장에게 신고하여야 한다.

12 정답 ③

① 「신탁법」 제2조에 따른 수탁자의 명의로 등기된 신탁주택의 경우에는 <u>위탁자가</u> 종합부동산세를 납부 할 의무가 있으며, 이 경우 <u>위탁자가</u> 신탁주택을 소유한 것으로 본다(종합부동산세법 제7조 제2항).

② 법인이 2주택을 소유한 경우 종합부동산세의 세율은 1천분의 <u>27</u>을 적용한다(종합부동산세법 제9조 제2항 제3호 가목).

④ 신탁주택의 <u>위탁자가</u> 종합부동산세를 체납한 경우 그 <u>위탁자의</u> 다른 재산에 대하여 강제징수하여도 징수할 금액에 미치지 못할 때에는 해당 주택의 <u>수탁자가</u> 종합부동산세를 납부할 의무가 있다(종합부동 산세법 제7조의2).

⑤ 공동명의 1주택자인 경우 주택에 대한 종합부동산세의 과세표준은 주택의 <u>공시가격을</u> 합산한 금액에 서 <u>9억원을</u> 공제한 금액에 100분의 60을 한도로 공정시장가액비율을 곱한 금액으로 한다(종합부동산세법 제8조 제1항 제3호).

13 정답 ⑤

① 토지분 재산세의 납세의무자로서 종합합산과세대상 토지의 공시가격을 합한 금액이 <u>5억원을 초과하 는 자는</u> 종합부동산세를 납부할 의무가 있다(종합부동산세법 제12조 제1항 제1호).

② 토지분 재산세의 납세의무자로서 별도합산과세대상 토지의 공시가격을 합한 금액이 <u>80억원을 초과하 는 자는</u> 종합부동산세를 납부할 의무가 있다(종합부동산세법 제12조 제1항 제2호).

③ 토지에 대한 종합부동산세는 종합합산과세대상, 별도합산과세대상으로 구분하여 과세한다(종합부동 산세법 제11조). 분리과세대상은 종합부동산세가 과세되지 아니한다.

④ 종합합산과세대상인 토지에 대한 종합부동산세의 과세표준은 해당 토지의 공시가격을 합산한 금액에 서 5억원을 공제한 금액에 100분의 <u>100</u>을 한도로 공정시장가액비율을 곱한 금액으로 한다(종합부동산세 법 제13조 제1항).

Answer 재산세와 종합부동산세

01 정답 ④

④ 재산세에서 주택의 경우에는 세 부담의 상한을 적용하지 아니한다(지방세법 제122조).

02 정답 ③

③ 甲의 주택분 종합부동산세액의 결정세액은 주택분 종합부동산세액에서 '(주택의 공시가격 합산액 − 9억원) × 종합부동산세 공정시장가액비율 × 재산세 공정시장가액비율 × 재산세 표준세율'의 산식에 따라 산정한 재산세액을 공제하여 계산한다(종합부동산세법시행령 제4조의3 제1항).

Answer 과세주체(과세권자)에 따른 분류

01 **정답** ⑤

⑤ 등록면허세: 구세, 도세
① 주민세: 특별시세·광역시세, 시·군세
② 취득세: 특별시세·광역시세, 도세
③ 지방소비세: 특별시세·광역시세, 도세
④ 지방교육세: 특별시세·광역시세, 도세

Answer 성립시기

01 **정답** ①

① 개인분 주민세: 과세기준일 (매년 7월 1일) (지방세기본법 제34조 제1항 제6호 가목, 지방세법 제79조 제2항)
② 거주자의 양도소득에 대한 지방소득세: 과세표준이 되는 소득에 대하여 소득세의 납세의무가 성립하는 때 (매년 12월 31일) (지방세기본법 제34조 제1항 제7호)
③ 재산세에 부가되는 지방교육세: 과세표준이 되는 세목의 납세의무가 성립하는 때 (재산세의 성립시기 = 매년 6월 1일) (지방세기본법 제34조 제1항 제11호)
④ 중간예납 하는 소득세: 중간예납기간(1월 1일부터 6월 30일까지)이 끝나는 때 (매년 6월 30일) (국세기본법 제21조 제2항 제3호)
⑤ 자동차 소유에 대한 자동차세: 납기가 있는 달의 1일 (매년 6월 1일, 매년 12월 1일) (지방세기본법 제34조 제1항 제9호 가목)

Answer 확 정

01 정답 ⑤

⑤ 양도소득세의 예정신고만으로 甲의 양도소득세 납세의무가 확정된다.

Answer 소 멸

01 정답 ③

③ 3개

㉠ 납부·충당되었을 때: 소멸 ○

㉡ 지방세징수권의 소멸시효가 완성되었을 때: 소멸 ○

㉢ 지방세부과의 제척기간이 만료되었을 때: 소멸 ○

㉣ 법인이 합병한 때: 소멸 ✕

㉤ 납세의무자의 사망으로 상속이 개시된 때: 소멸 ✕

02 정답 ③

① 납세자가 「조세범 처벌법」에 따른 사기나 그 밖의 부정한 행위로 종합소득세를 포탈하는 경우(역외거래 제외) 그 국세를 부과할 수 있는 날부터 10년을 부과제척기간으로 한다(국세기본법 제26조의2 제2항 제2호).

② 지방국세청장은 「행정소송법」에 따른 소송에 대한 판결이 확정된 경우 그 판결이 확정된 날부터 1년이 지나기 전까지 경정이나 그 밖에 필요한 처분을 할 수 있다(국세기본법 제26조의2 제6항 제1호).

④ 종합부동산세의 경우 부과제척기간의 기산일은 종합부동산세의 납세의무가 성립한 날이다(국세기본법시행령 제12조의3 제1항 제2호).

⑤ 납세자가 법정신고기한까지 과세표준신고서를 제출하지 아니한 경우(역외거래 제외)에는 해당 국세를 부과할 수 있는 날부터 7년을 부과제척기간으로 한다(국세기본법 제26조의2 제2항 제1호).

03 정답 ⑤

① 가산세를 제외한 국세가 10억원인 경우 국세징수권은 10년 동안 행사하지 아니하면 소멸시효가 완성된다(국세기본법 제27조 제1항 제1호).

② 가산세를 제외한 지방세가 1억원인 경우 지방세징수권은 10년 동안 행사하지 아니하면 소멸시효가 완성된다(지방세기본법 제39조 제1항 제1호).

③ 가산세를 제외한 지방세가 5천만원인 경우 지방세징수권은 10년 동안 행사하지 아니하면 소멸시효가 완성된다(지방세기본법 제39조 제1항 제1호).

④ 납세의무자가 양도소득세를 확정신고하였으나 정부가 경정하는 경우, 국세징수권을 행사할 수 있는 때는 그 고지에 따른 납부기한의 다음 날이다(국세기본법 제27조 제3항 제2호).

Answer　조세(국세·지방세)와 다른 채권의 관계

01 정답 ①

① 납세담보물을 매각하였을 때에는 압류우선주의에도 불구하고 그 조세·가산금 또는 체납처분비는 매각대금 중에서 다른 조세·가산금·체납처분비에 우선하여 징수한다(국세기본법 제37조, 지방세기본법 제74조). 따라서 담보에 관계된 조세 등은 압류에 관계된 조세 등 보다 우선하여 징수된다.

02 정답 ②

국세 또는 지방세 중 법정기일 전에 저당권에 따라 담보된 채권에 우선하여 징수하는 것을 '당해세'라 하며 다음과 같다.

1. 국세: 상속세, 증여세, 종합부동산세
2. 지방세: 재산세, 자동차세(자동차 소유에 대한 자동차세만 해당한다), 지역자원시설세(소방분에 대한 지역자원시설세만 해당한다), 지방교육세(재산세와 자동차세에 부가되는 지방교육세만 해당한다)

ⓐ 종합부동산세: 당해세 ○
ⓜ 소방분에 대한 지역자원시설세: 당해세 ○
ⓛ 취득세에 부가되는 지방교육세: 당해세 ×
ⓒ 등록면허세: 당해세 ×
ⓔ 부동산임대에 따른 종합소득세: 당해세 ×

03 정답 ④

④ 주택의 직전 소유자가 국세의 체납 없이 전세권이 설정된 주택을 양도하였으나, 양도 후 현재 소유자의 소득세가 체납되어 해당 주택의 매각으로 그 매각금액에서 소득세를 강제징수하는 경우 그 소득세는 해당 주택의 전세권담보채권에 우선하지 못한다(국세기본법 제35조 제1항 제3의2호).

Answer　거래 단계별 조세

01 정답 ⑤

보유단계: 농어촌특별세, 지방교육세, 개인지방소득세, 소방분에 대한 지역자원시설세(4개)

ⓐ 농어촌특별세: 취득단계, 보유단계, 양도단계
ⓛ 지방교육세: 취득단계, 보유단계
ⓒ 개인지방소득세: 보유단계, 양도단계
ⓔ 소방분에 대한 지역자원시설세: 보유단계

Answer 불 복

01 정답 ③

③ 지방세에 관한 불복시 불복청구인은 심판청구를 거치지 않고 행정소송을 제기할 수 <u>없다</u>(행정심판 전치주의 재도입).

02 정답 ④

1. 옳은 것 : ㉡, ㉢

㉡ 이의신청인은 신청금액이 1천만원 미만인 경우에는 그의 배우자, 4촌 이내의 혈족 또는 그의 배우자의 4촌 이내 혈족을 대리인으로 선임할 수 있다(지방세기본법 제93조 제2항).

㉢ 보정기간은 결정기간에 포함하지 아니한다(지방세기본법 제95조 제3항).

2. 틀린 것 : ㉠, ㉣

㉠ 통고처분은 이의신청 또는 심판청구의 대상이 되는 처분에 <u>포함되지 아니한다</u>(지방세기본법 제89조 제2항 제2호).

㉣ 이의신청을 거치지 아니하고 바로 심판청구를 할 수 <u>있다.</u>

Answer 조세총론 종합문제

01 정답 ⑤

⑤ "지방자치단체의 징수금"이란 지방세 및 체납처분비를 말한다(지방세기본법 제2조 제1항 제22호).

> **지방세징수법 제4조【지방자치단체의 징수금 징수의 순위】** ① 지방자치단체의 징수금의 징수 순위는 다음 각 호의 순서에 따른다.
> 1. 체납처분비
> 2. 지방세(가산세는 제외한다)
> 3. 가산세
> ② 제1항 제2호의 경우에 제17조에 따라 징수가 위임된 도세는 시·군세에 우선하여 징수한다.

① 납세자가 법정신고기한까지 소득세의 과세표준신고서를 제출하지 아니하여 해당 지방소득세를 부과할 수 없는 경우에 지방세 부과 제척기간은 <u>7년</u>이다.

② 지방세에 관한 불복시 불복청구인은 <u>이의신청을 거치지 않고 심판청구를 제기할 수 있다.</u>

③ 취득세는 <u>원칙적으로 신고납부방법</u>에 의한다. 다만, 취득세 납세의무자가 신고 또는 납부의무를 다하지 아니하면 산출한 세액 또는 그 부족세액에 가산세를 합한 금액을 세액으로 하여 <u>보통징수</u>의 방법으로 징수한다.

④ 납세의무자가 지방세관계법에 따른 납부기한까지 지방세를 <u>납부하지 않은 경우 납부지연가산세를</u> 부과한다.

> 납부하지 아니한 세액 또는 과소납부분 세액 × 납부기한의 다음 날부터 자진납부일 또는 납세고지일까지의 기간 × 금융회사 등이 연체대출금에 대하여 적용하는 이자율 등을 고려하여 대통령령 으로 정하는 이자율(<u>1일 1십만분의 22</u>)

02 정답 ①

① "<u>특별징수</u>"란 지방세를 징수할 때 편의상 <u>징수할 여건이 좋은</u> 자로 하여금 징수하게 하고 그 징수한 세금을 납부하게 하는 것을 말한다(지방세기본법 제2조 제1항 제20호).

"보통징수"란 세무공무원이 납세고지서를 납세자에게 발급하여 지방세를 징수하는 것을 말한다(지방세기본법 제2조 제1항 제19호).

03 정답 ②

② 기한을 정하여 납세고지서를 송달하였더라도 서류가 도달한 날부터 <u>7일</u>이 되는 날에 납부기한이 되는 경우 지방자치단체의 징수금의 납부기한은 해당 서류가 도달한 날부터 <u>14일이 지난 날</u>로 한다(지방세기본법 제31조 제1항).

> **지방세기본법 제31조 제1항【송달지연으로 인한 납부기한의 연장】** ① 기한을 정하여 납세고지서, 납부통지서, 독촉장 또는 납부최고서를 송달하였더라도 다음 각 호의 어느 하나에 해당하면 지방자치단체의 징수금의 납부기한은 해당 서류가 도달한 날부터 14일이 지난 날로 한다.
> 1. 서류가 납부기한이 지난 후에 도달한 경우
> 2. 서류가 도달한 날부터 7일 이내에 납부기한이 되는 경우

① 연대납세의무자에게 <u>납세의 고지</u>에 관한 서류를 송달할 때에는 연대납세의무자 모두에게 각각 송달하여야 한다(지방세기본법 제28조 제2항).

③ 납세관리인이 있을 때에는 납세의 고지와 독촉에 관한 서류는 그 납세관리인의 주소 또는 영업소에 송달한다(지방세기본법 제28조 제4항).

④ 교부에 의한 서류송달의 경우에 송달할 장소에서 서류를 송달받아야 할 자를 만나지 못하였을 때에는 그의 사용인으로서 사리를 분별할 수 있는 사람에게 서류를 송달할 수 있다(지방세기본법 제30조 제3항).

⑤ 서류송달을 받아야 할 자의 주소 또는 영업소가 분명하지 아니한 경우에는 서류의 주요 내용을 공고한 날부터 14일이 지나면 서류의 송달이 된 것으로 본다(지방세기본법 제33조 제1항).

04 정답 ④

① 공동주택의 공유물에 관계되는 지방자치단체의 징수금은 공유자가 연대하여 납부할 의무가 없다.

:: 참고 | 관련 조문 : 지방세기본법 제44조 제1항

> 공유물(공동주택의 공유물은 제외한다), 공동사업 또는 그 공동사업에 속하는 재산에 관계되는 지방자치단체의 징수금은 공유자 또는 공동사업자가 연대하여 납부할 의무를 진다.

② 공동으로 소유한 자산에 대한 양도소득금액을 계산하는 경우에는 해당 자산을 공동으로 소유하는 공유자가 그 양도소득세를 연대하여 납부할 의무가 없다.

:: 참고 | 관련 조문 : 소득세법 제2조의2 제5항

> 공동으로 소유한 자산에 대한 양도소득금액을 계산하는 경우에는 해당 자산을 공동으로 소유하는 각 거주자가 납세의무를 진다.

③ 공동사업에 관한 소득금액을 계산하는 경우(주된 공동사업자에게 합산과세되는 경우 제외)에는 해당 공동사업자가 그 종합소득세를 연대하여 납부할 의무가 없다.

:: 참고 | 관련 조문 : 소득세법 제2조의2 제1항

> 제43조에 따라 공동사업에 관한 소득금액을 계산하는 경우에는 해당 공동사업자별로 납세의무를 진다. 다만, 제43조 제3항에 따른 주된 공동사업자에게 합산과세되는 경우 그 합산과세되는 소득금액에 대해서는 주된 공동사업자의 특수관계인은 같은 조 제2항에 따른 손익분배비율에 해당하는 그의 소득금액을 한도로 주된 공동사업자와 연대하여 납세의무를 진다.

⑤ 어느 연대납세의무자에 대하여 소멸시효가 완성된 때에는 다른 연대납세의무자의 납세의무에 영향을 미친다.

:: 참고 | 관련 조문 : 국세기본법 제25조의2, 민법 제421조

> 어느 연대채무자에 대하여 소멸시효가 완성한 때에는 그 부담부분에 한하여 다른 연대채무자도 의무를 면한다.

MEMO